国家自然科学基金面上项目（72372064）"全生命周期视域的会计师事务所分所一体化治理与审计风险控制研究"

国家自然科学基金地区项目（72062020）"合伙人代际传承与审计质量：基于晋退双侧治理的研究"

江西省高校人文社会科学研究规划项目（GL23128）"分所资源管理与审计风险控制：基于一体化视角的研究"

会计师事务所分所
运营管理与审计质量

闫焕民 王欣 张思源 ◎ 著

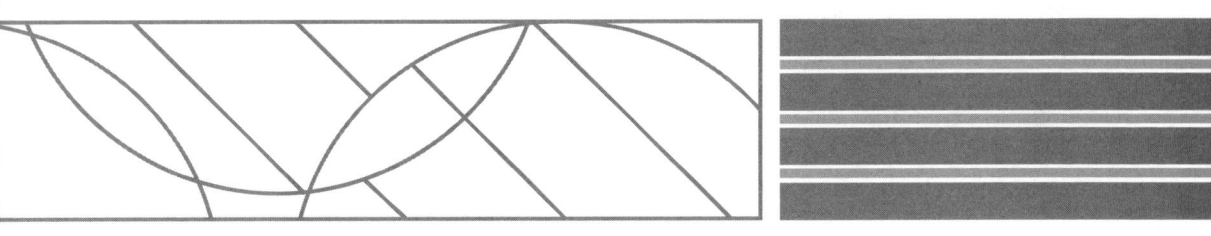

KUAIJISHI SHIWUSUO FENSUO
YUNYING GUANLI YU SHENJI ZHILIANG

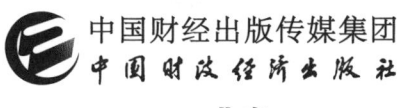

中国财经出版传媒集团
中国财政经济出版社
·北京·

图书在版编目（CIP）数据

会计师事务所分所运营管理与审计质量 / 闫焕民，王欣，张思源著． -- 北京：中国财政经济出版社，2025．9． -- ISBN 978-7-5223-3796-8

Ⅰ．F233.2；F239.222

中国国家版本馆CIP数据核字第2025LG0096号

责任编辑：温彦君　　　　　责任校对：徐艳丽
封面设计：智点创意　　　　责任印制：史大鹏

会计师事务所分所运营管理与审计质量

KUAIJISHI SHIWUSUO FENSUO YUNYING GUANLI YU SHENJI ZHILIANG

中国财政经济出版社 出版

URL：http：//www.cfeph.cn

E - mail：cfeph@ cfeph.cn

（版权所有　翻印必究）

社址：北京市海淀区阜成路甲 28 号　邮政编码：100142

营销中心电话：010 - 88191522

天猫网店：中国财政经济出版社旗舰店

网址：https：//zgczjjcbs.tmall.com

涿州汇美亿浓印刷有限公司印刷　各地新华书店经销

成品尺寸：170mm×240mm　16 开　12.5 印张　175 000 字

2025 年 9 月第 1 版　2025 年 9 月河北第 1 次印刷

定价：58.00 元

ISBN 978 - 7 - 5223 - 3796 - 8

（图书出现印装问题，本社负责调换，电话：010 - 88190548）

本社质量投诉电话：010 - 88190744

打击盗版举报热线：010 - 88191661　QQ：2242791300

作为资本市场的"守门员",会计师事务所是揭露财务舞弊、维护市场秩序的中流砥柱。近年来,随着我国注册会计师行业改革的不断深化,我国"本土所"逐步与"国际所"接轨,积极开拓市场业务并提升专业水平,正在经历由"做大做强"转向"高质量"发展的转折阶段。在这一过程中,审计领域在理论建构与业务实践层面均取得了明显进展,然而,关于"分所治理"问题的系统性研究仍相对匮乏。

从纵向维度看,尽管近十年"本土所"取得了跃迁式发展,但其在成长过程中呈现出"粗放式"发展特点。从横向维度看,"本土所"与"国际所"相比,其在执业水平、内部治理及国际市场的认可度等方面均望尘莫及。存在上述问题的客观原因之一是因为分所业务质量和治理水平相对较低,形成了"分所有福其独享,分所有难总所担"的窘境,其典型惨痛案例是中磊、瑞华等多家大型会计师事务所皆因"分所审计舞弊"而被整体撤销。为解决我国审计行业高质量发展中的"卡脖子"问题,从整体上提升审计质量及风险控制水平，本书立足于现阶段我国会计师事务所的发展状况，聚焦于分所治理问题展开系统性研究，旨在为审计行业的高质量发展提供参考。

现有研究主要聚焦于会计师事务所主体与签字审计师个体两个层面，相较而言，本书着重探讨分所层面的资源管理与治理问题，以弥补现有研究之不足。本书的预期贡献主要有二：其一，在理论层面，本书从"会计师事务所主体—分所单元—审计师个体"三维一体的新视角出发，为分所治理构建了一个系统性的理论框架，并且依序从分所"客户资源—人力资源—业务合作"三大维度，探讨分所运营管理影响审计行为决策及审计风险控制的路径与机理，以补充分所运营管理研究之不足。其二，在实践层面，本书通过深入剖析分所的运营管理，为我国"本土所"突破发展瓶颈、实现高质量发展提供经验证据。同时，本书也为财政部、证监会及中注协等审计行业监管部门逐步构建"事前引导"为主的监管模式，提供了理论依据与制度参考。

本书共分五章，重点围绕理论基础与实证分析展开。第1章为绪论，详细阐述了本书的研究背景与意义、主要内容及思路。第2章是文献综述，系统回顾了国内外关于分所审计问题与审计质量的研究，为后续论证奠定理论基础。第3章至第5章以分所所长能力、分所客户资源配置、总分所"业务合签"为主线，立足"本土所"客户公司数据进行充分的实证分析，力求为读者提供清晰的研究框架和扎实的实证依据。

本书出版之际，特别感谢参与本书创作的各位老师和同学，他们分别是王欣、张思源、朱紫玲、耿紫玲、梅可心。其中，王欣主要负责第 1 章，张思源主要负责第 2 章，王欣与耿紫玲主要负责第 3 章，王欣与朱紫玲主要负责第 4 章，张思源与梅可心主要负责第 5 章，感谢他们的积极参与和团结协作，促使书稿编纂工作圆满完成。

尽管进行了多次修改与完善，但限于作者水平，书中错漏之处在所难免，敬请读者批评指正。

作者
2025 年 2 月

第1章 绪论 ……………………………………………………（ 1 ）
  1.1 研究背景与研究意义 ………………………………（ 3 ）
  1.2 研究内容与研究方法 ………………………………（ 6 ）
  1.3 研究创新与研究展望 ………………………………（ 8 ）

第2章 文献综述 ………………………………………………（ 11 ）
  2.1 关于分所审计问题的研究 …………………………（ 13 ）
  2.2 关于审计质量的研究 ………………………………（ 17 ）
  2.3 文献评述 ……………………………………………（ 21 ）

第3章 分所所长能力特征与审计质量 ………………………（ 23 ）
  3.1 理论分析与假设提出 ………………………………（ 25 ）
  3.2 变量界定与模型构建 ………………………………（ 28 ）
  3.3 实证分析 ……………………………………………（ 35 ）
  3.4 稳健性分析 …………………………………………（ 44 ）
  3.5 拓展分析 ……………………………………………（ 55 ）
  3.6 本章小结 ……………………………………………（ 61 ）

第4章 分所客户资源配置与审计质量 ……（65）
4.1 理论分析与假设提出 ……（67）
4.2 变量界定与模型构建 ……（72）
4.3 实证分析 ……（76）
4.4 稳健性分析 ……（86）
4.5 拓展分析 ……（99）
4.6 本章小结 ……（104）

第5章 总分所审计师"业务合签"与审计质量 ……（107）
5.1 理论分析与假设提出 ……（109）
5.2 变量界定与模型构建 ……（115）
5.3 实证分析 ……（119）
5.4 稳健性分析 ……（131）
5.5 本章小结 ……（144）

附 录 ……（147）

主要参考文献 ……（176）

第 1 章

绪　　论

第1章 绪论

1.1 研究背景与研究意义

1.1.1 研究背景

2022年8月26日，我国证监会、财政部与美国公众公司会计监督委员会（PCAOB）签署了中美审计监管合作协议，将中外跨境审计监管合作框架范畴推至新的高度。早在2011年，我国就与欧盟委员会达成审计公共监管等效协议，此后至2022年，我国相继与日本、马来西亚、俄罗斯、美国等签署审计监管合作协议，而且这一合作框架的版图仍在扩大。2023年2月17日，我国证监会宣布全面实行股票发行注册制，作为资本市场"看门人"的注册会计师面临的职业环境发生了重大新变化，审计行业高质量发展面临新挑战、高标准。事实上，近十余年来，在证监会、财政部及中注协的政策指引下，我国会计师事务所行业的发展战略由"做大做强"逐步转向"高质量"发展，立足本土，奔向国际，目前已有30余家中国境内会计师事务所在美国PCAOB正式注册，其中，立信、致同、山东浩信等会计师事务所为在美上市的中概股公司提供审计服务，中国审计品牌在国际资本市场崭露头角。

然而不可否认，中国"本土所"相比国际"四大所"在执业水平、内部治理及国际市场认可度等方面仍有较大差距，这一差距主要体现在各大"本土所"针对分所层面的审计质量及风险控制相对较差。据初步统计，近十年，我国各大会计师事务所的证券审计业务中分所占比约61%，业务比重整体超过总所，但业务质量整体低于总所。主要原因在于：各大会计师事务所的分所数量众多、分所"分灶吃饭"而全所"风险共担"模式导致收益与风险严重不匹配，其典型惨痛案例是中磊、瑞华等多家大型事务所皆因"分所审计舞弊"而被整体撤销。我国财政部于 2022 年 5 月 12 日印发了《会计师事务所一体化管理办法》，旨在加强对分所的人员管理、业务管理、技术标准和质量管理等五个方面的综合治理。鉴于此，在中外跨境审计监管合作的新背景下，为解决我国审计行业高质量发展的"卡脖子"问题，本书针对我国会计师事务所的分所运营管理问题展开系统性研究，具有重要的理论价值与现实意义。

1.1.2 研究意义

（1）理论意义

第一，本书着眼于中外跨境审计监管合作和我国全面推行股票发行注册制的环境变迁趋势，根据我国注册会计师行业的特定发展历史及现阶段"高质量"发展目标，针对分所运营管理问题展开系统性研究，厘清分所运营管理影响审计风险控制的路径机制与经济后果，预期能够有效弥补审计领域关于分所治理研究之不足。在此研究基础上，本书旨在融合会计师事务所主体、分所单元、签字审计师个体三个维度，构建三维一体的理论研究体系，可为中外审计学界开展审计行为问题研究提供一个更具系统性、完整性的逻辑框架。

第二，基于分所"管理特征—客户资源—业务合作"三个维度，阐释分所运营管理影响审计决策行为及审计质量的作用机制，丰富审计风险控制的理论研究新成果。在分所运营环节剖析"表症"，梳理分所业务资源集权度、客户资源管理及业务合作管理等方面治理问题，继而探究其影响审计行为决策及审计风险控制的路径与机理，最终针对性地构建和完善分所运营管理的长效机制。综上所述，本书可为审计学界探究分所一体化治理问题提供清晰的逻辑思路和系统全面的经验证据，有利于在这一新视角下拓展和丰富审计领域的理论研究成果。

（2）现实意义

第一，需求牵引，突破瓶颈，为解决"本土所"高质量发展"卡脖子"问题提供理论支撑。历经三十多年的蓬勃发展，我国资本市场规模已接近美国，为促进国民经济建设发挥了举足轻重的作用。与此同时，作为我国资本市场的重要参与中介、被誉为资本市场"看门人"的会计师事务所行业也经历了飞速式、规模化发展，但其发展模式主要呈现为"粗放式"发展，在"做大"过程中并未"做强"，导致我国本土会计师事务所在"立足本土，奔向国际"的扩张进程中举步维艰，国际市场认可度仍然较低。究其原因，制约我国"本土所"高质量发展的"卡脖子"问题是分所一体化治理水平较低，导致业务占比超过半壁江山的众多分所的审计风险控制及执业质量整体较差。因此，本书直面分所治理难题这一迫切现实需求，为突破"本土所"高质量发展的瓶颈，探索"本土所"实现"做强做优"的高质量发展路径提供理论支撑。

第二，为"本土所"构建和完善分所运营管理及一体化治理机制、提升内部治理效率提供科学依据。同时，为审计行业监管部门的监管重心从"事后惩戒"转向"事前引导"提供决策参考。近年来，我国资本市场监管部门实施了"强监管"手段并逐步加大了处罚力度，但监管模式仍以"事后惩戒"为主，然而，这种惩戒及监管成本是极其高昂的，代价十分惨痛。鉴于此，本书从"源头"开始重视分所审计风险防控、从"中端"运营发展过程中提升分所执业水平、从"末端"构建优胜劣汰的科学退出机制，尽可能减少甚至避免因分所业务审计失败而导致全所"塌方"现象，这可为财政部、证监会及中注协等审计行业监管部门逐步构建"事前引导"为主的监管模式提供理论依据与制度参考。

1.2 研究内容与研究方法

1.2.1 研究内容

本书主要研究内容包括三个部分：一是采用规范分析方法，系统梳理与分所治理相关的中外文献成果及政策制度，全面剖析我国审计师执业环境之新变化与"本土所"分所运营管理及治理困境之现状；二是融合审计学、组织行为学等交叉学科理论，从一体化治理的视角，构建"事务所主体—分所单元—审计师个体"三维一体的理论体系框架，依序从分所"客户资源—人力资源—业务合作"三大维度构建计量模型并进行科学严谨的实证分析，考察分所运营管理及一体化治理影响审计风险控制的作用机理及结果；三是凝练和归纳研究结论，探索分所运营管理的长效机制。本书研究框架如图 1-1 所示。

1.2.2 研究方法

（1）制度背景与研究现状分析，主要采用分析性研究法。一是采用文献分析法，系统梳理中外学术界关于分所审计问题的已有文献成果，厘清目前针对分所层面研究现状及其不足之处；系统梳理关于审计风险控制的研究文献，准确把握研究主题的最新动态及发展趋势，由此奠定本书的理论基础与文献基础。二是采用分析性研究方法，系统梳理历年来由中注协、各省（市）注协为主的审计行业管理组织与中国证监会、财政部等政府部门组成的审计行业监管体系，针对会计师事务所行业管理出台的一系列制度、政策及规定，包括中外跨境审计监管合作框架拓展、会计师事务

第 1 章　绪　论

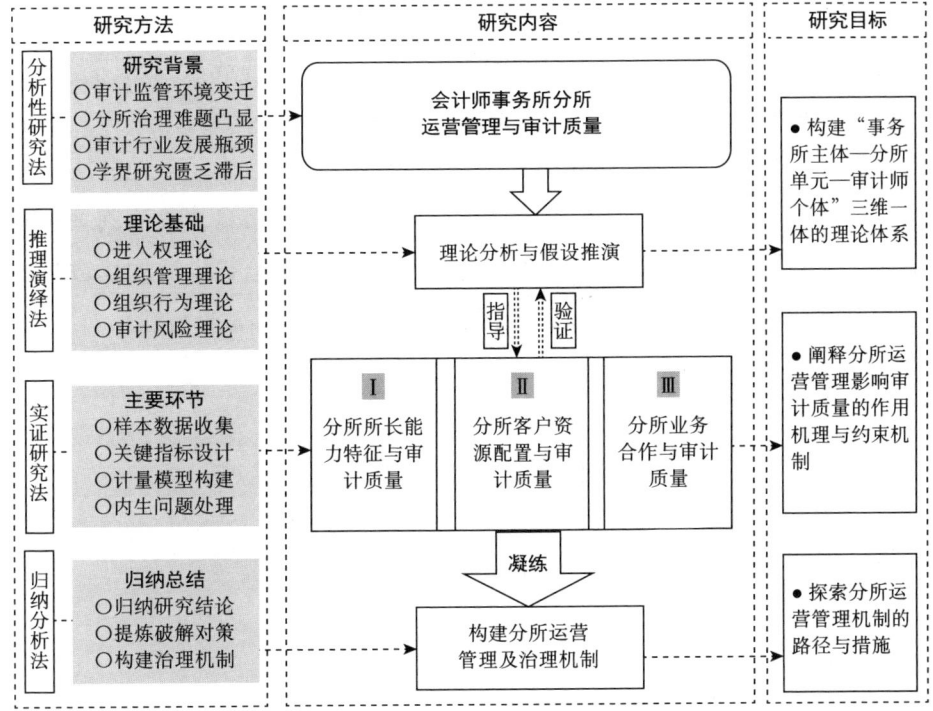

图 1-1　本书研究框架

所内部治理指南、会计师事务所一体化管理办法、证券业务"双备案"制度等,剖析分所治理与审计师执业面临的法制背景变迁,由此奠定本书的制度基础。

（2）三维一体的理论体系框架构建,主要采用分析性研究法与推理演绎法。一是采用分析性研究法,梳理我国审计行业特殊的发展历史、"本土所"在早期"做大做强"政策指引下经历的跨越式规模化发展阶段,对"本土所"的分所治理现状进行全景描绘,让本书扎根于"本土审计实践"。二是采用推理演绎法,将组织行为理论及进入权理论嵌入审计风险控制的理论分析框架,构建"事务所主体—分所单元—审计师个体"三维一体的理论体系框架,演绎推理分所运营管理影响审计行为决策及审计业务质量的作用路径与机理,阐明本书的研究问题脉络,由此奠定本书的逻辑基础。

7

（3）实证研究内容，主要采用数理统计分析方法。一是采用人工整理与调查访谈相结合的方法，依据中国注册会计师行业管理信息系统、各省（市）注协的年检公告、课题组自建数据库及事务所实地调研资料，收集并整理各大会计师事务所各地分所的设立及运营情况，以及各地分所的客户业务数据、审计人员结构、时间与空间维度特征等信息，进而刻画不同分所在不同发展阶段的运营管理风格；二是采用计量分析方法构建数学模型进行实证分析，包括基本统计分析、多元回归分析等常见方法。

1.3 研究创新与研究展望

1.3.1 研究创新

（1）从分所一体化治理的新角度，系统构建"事务所主体—分所单元—审计师个体"三维一体的理论体系框架，拓展审计风险控制理论研究的新视野，弥补现有研究之不足。在审计学术界，现有文献主要基于会计师事务所主体与签字审计师个体两个维度构建审计风险控制的理论分析框架，探索审计投入与产出质量决定机制，但现有框架未考虑"分所单元"这一重要维度因素。本书结合我国"本土所"特殊发展历史与分所治理现状，创新性地将分所一体化治理纳入审计行为及结果分析范畴，系统构建了"事务所主体—分所单元—审计师个体"三维一体的理论体系框架，既在一体化治理的新视角拓展了审计风险控制理论研究的新视野，也弥补了审计学界针对分所治理研究的滞后与不足，预期可产生较为显著的增量学术贡献。

（2）基于分所运营管理新视域，依序从分所"客户资源—人力资源—业务合作"三大维度，探究分所运营管理影响审计风险控制的作用机理，逐级式透视分所治理运行机制"黑箱",为审计行为及结果研究提供新思路与新证据。目前,审计领域中关于分所治理层面的研究较为少见,而且研究视点呈零散性,不够系统。鉴于此,本书从三个维度系统探究分所运营管理影响审计行为决策及审计风险控制的路径与机理,从而"由内到外"逐级打开分所治理运行机制"黑箱"。在此过程中,预期可以针对分所一体化治理问题获得一些新结论与新发现,并形成一套系统性、全域性的研究成果体系,弥补中外审计学界针对分所治理问题研究之不足,在分所治理这一新维度丰富审计领域的理论成果。

1.3.2 研究展望

(1)会计师事务所分所运营管理是一项复杂的系统性工程,尽管本书从分所所长能力特征、客户资源配置及审计业务合作三个维度进行了研究,但仍无法将分所运营管理相关问题全部囊括并逐一进行讨论,这或许可以成为未来研究的新方向,比如,分所人员结构稳定性、内部晋升机制及薪酬管理机制等。

(2)基于分所治理维度,本书仅探讨了分所运营管理对审计业务质量的影响,但从全生命周期视域,分所治理还包括分所设立环节与退出环节,比如,分所设立模式、分所网络空间布局、分所战略性退出等,这些重要问题有待未来深入探究。

第 2 章

文献综述

第 2 章 文献综述

近年来,中外审计领域的文献主要聚焦于会计师事务所主体与签字审计师个体两个层面的行为特征及结果进行研究,针对分所层面的研究相对不足,直接探讨分所一体化治理的文献更为少见。本章结合本书研究主题与目标,围绕"分所特征与审计质量"这一主线,从两方面对国内外文献进行分析与评述:一是关于分所审计问题的研究,二是关于审计质量的研究,如图 2-1 所示。

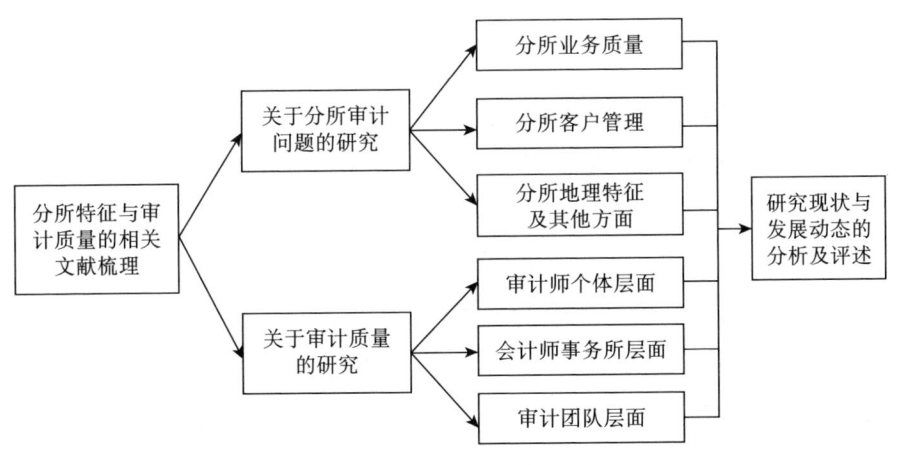

图 2-1 文献梳理思路

2.1 关于分所审计问题的研究

近年来,立足于审计供给方的研究,逐渐由会计师事务所主体层面和审计师个体层面拓展到分所单元层面。事实上,由于我国大型"本土所"的分所数量众多,在业务承接、客户管理、绩效分配、人力资源管理等方面,分所拥有较大自主权。因此,研讨分所层面的审计治理问题具有很强的现实意义。目前,关于分所审计问题的研究主要包括分所业务质量、分所客户管理、分所地理特征等方面,研究视点较为分散,尚未形成较为系统性的研究框架。

2.1.1　分所业务质量

目前,关于分所业务质量的研究大多着眼于影响因素分析,大致可以归为三类:

(1) 分所基本特征

分所在合约签订、项目管理、服务提供和意见签发等方面有很强的独立性,因此其特征必然会影响审计质量。具体来说,一是分所规模,针对会计师事务所分所规模与审计质量的研究表明,规模越小的分所,审计质量和审计收费也越低(Sundgren and Svanström,2013;Choi et al.,2010;王兵和辛清泉,2010;Francis and Yu,2009),同时,大规模分所对于邻近的小规模分所具有审计质量的"溢出效应",能够改善小规模分所的审计质量(Beck et al.,2019)。但 Bills 等(2015)的研究发现,大规模分所的"规模效应"并不会立即实现,相反,分所规模的快速增长反而会损害短期的审计质量。二是分所人力资源水平,在分所内部,具备行业专长的审计师能够提高分所的执业水平和审计质量(Reichelt and Wang,2010),此外,除了具有签字资格的注册会计师外,为分所的审计团队提供帮助的非注册会计师也会影响分所审计质量(Sherwood et al.,2020)。三是其他特征,Hoopes 等(2018)的研究发现,当分所审计师工资较低时,分所会将部分高劳动力成本转移到客户身上,导致审计质量降低。

(2) 分所审计行为特征

除分所整体特征外,分所行为也会影响审计质量:一是分所收购,Zimmerman 等(2022)在研究分所收购对审计质量的影响时发现,针对分所现有客户,被收购分所的审计质量高于未被收购的分所。二是分所变更,Hollingsworth 等(2020)构建了一个独特的样本,研究分所变更对审计质量的影响,结果表明,当负责审计的分所由原分所变更为同一事务所的其他分所时,审计质量会出现下降。

(3) 分所客户特征

作为被审计方，客户特征会影响分所的审计决策，进而影响审计质量。具体来说，一是客户重要程度，在分所内部，由于对重要客户存在较高的经济依赖性，分所往往会对其管理层的盈余操纵行为采取更宽容的态度（陈波，2013），通过降低审计标准来迎合大客户的需求，从而导致审计质量的降低（Chen et al.，2010）。二是客户财务报表截止日期集中度，基于资源有限理论，Czerney 等（2019）研究了不同客户财务报表披露集中度下分所审计质量的差异，结果表明，客户财务报表的集中披露会对分所审计质量产生负面影响。三是客户数量增长速度，张新民等（2020）的研究发现，分所客户数量的增长与分所审计质量之间呈负相关关系，而且这一关系在未执行一体化治理的会计师事务所中更加显著。

2.1.2　分所客户管理

目前，针对分所客户管理的研究较少。一是新客户业务竞争，比如，新设分所在设立当年为了从竞争者手中争取到上市客户，会主动提供审计折价和降低审计质量，以此来"讨好"客户并成功获得客户资源（吴溪等，2018）。然而，不合理的持续经营意见和财务重述会对分所的声誉产生负面影响，导致分所市场份额下降和解雇率上升（Xu and Kalelkar，2022；Swanquist and Whited，2015），当分所失去行业主要客户时，将导致未来两年同行业客户的流失（Francis et al.，2017）。二是客户资源管理，比如，与总分所治理好的分所相比，总分所治理差的分所在首次业务中更倾向于承接高风险客户，但其出具非标意见的持续性很弱（王春飞等，2016）。为了降低审计成本和控制审计风险，事务所倾向于将客户调整到距离较近的分所进行审计，并将高风险客户调整到总所进行审计（王春飞和吴溪，2019）。

2.1.3　分所地理特征

随着地理经济研究的兴起，越来越多学者开始关注地理位置特征对组织行为及活动的影响。目前，涉及分所地理位置特征的研究可以划分为两类：

（1）关于分所地理特征对分所审计行为的影响研究。一是区域文化特征，如 Beck 等（2018）的研究发现，分所所在城市的教育水平与审计质量之间存在正相关关系；Omer 等（2018）针对美国大都市统计区（MSA）的研究表明，高度宗教化地区的分所受宗教信仰影响，更加厌恶风险，更可能出具持续经营意见。二是区域竞争，如 Choi 等（2012）区分分所和客户所处地区后发现，与外地分所相比，与客户处于同一地区的分所能够获得信息优势，约束客户公司管理层有偏的收益报告。Ettredge 等（2020）基于分所层面构建了地区审计市场竞争度指标发现，地区竞争越激烈，审计师流动率越高，分所退出的可能性越大。

（2）关于区域内分所审计失败的传染效应研究。比如，分所审计失败在分所内部（纵向）和分所之间（横向）具有"传染效应"（Francis and Michas，2013），但不同分所通过知识共享构建的合作伙伴网络能够减少财务重述的概率（Seavey et al.，2018）。此外，当一个分所发生审计失败导致声誉受损时，分所的其他客户以及与分所邻近的客户都会受到投资者的怀疑，导致股价下跌（Huang and Li，2009）。

2.1.4 分所其他特征

目前，涉及分所其他特征的研究比较零星，比如，Whitworth 和 Lambert（2014）研究影响分所审计效率的因素时发现，审计延迟与行业专业知识显著负相关，与分所规模以及客户重要性正相关。Lennox 和 Li（2014）的研究表明，分所在被起诉后的业务中能够保持较高的独立性，错报概率明显下降，客户财务报告质量得到提升。除了提供高质量的审计服务外，Callen 等（2020）的研究还发现，大规模分所能够发现和阻止不利信息的囤积，降低客户公司未来股价崩盘的风险。

2.2 关于审计质量的研究

审计质量是审计职业的根基,也是审计风险控制最为重要的结果体现。长期以来,学者们针对该话题进行了广泛深入的探讨,形成了丰硕的研究成果,且至今方兴未艾。纵览已有文献,相关研究已由会计师事务所层面逐步拓展至审计团队和审计师个体层面。本章从本书的研究主题出发,将从审计师个体特征、会计师事务所特征以及审计团队特征三个维度梳理审计结果质量控制的相关文献。

2.2.1 审计师个体特征

作为审计鉴证工作的主体,审计师个体特征不可避免地与其执业行为存在显著关联,从而影响审计质量。当前,相关研究主要从审计师的人口特征与执业行为特征两个角度对该话题进行探讨,本书借鉴该思路进行文献梳理。

(1) 审计师人口特征与审计质量

当前,关于审计师人口特征与审计质量的研究,主要集中于四个方面:年龄、性别、经历和其他人口特征。一是年龄特征,有研究表明,审计师的年龄和经验对审计质量存在显著的正向影响(刘笑霞和李明辉,2012),但也有学者从相对年龄的视角出发得出了与之相反的结论(吴倩等,2021)。二是性别特征,心理学与社会学研究表明,不同性别的个体之间在某些特质方面存在显著差异,如,女性审计师相对而言更加厌恶风险,这使她们的执业行为更加谨慎,有助于保障审计质量(Feng, 2020;黄宏斌和尚文华,2019;Lee et al., 2018;吴伟荣等,2017),然而,男性审计师的审计判断可能更加准确,有助于提升审计质量(叶琼燕和于忠泊，2011）。三是经历特征，相关研究表明，高学历的签字注册会计师所主持的项目审计质量更高（张兆国等，2014），该情况在审计项目负责人中比在复核人之间更加明显（闫焕民，2015）。此外，审计师的整体执业经历、特定客户执业经历以及海外学习经历均有助于提高审计质量（杜兴强和侯菲，2019）。四是其他人口特征，包括审计师的出生地区社会信任程度（孟庆斌等，2019）、职务与政治面貌（申慧慧，2021；Gul et al.，2013）、智力水平（Kallunki et al.，2019）、自恋行为（武恒光和张龙平，2022）等个体特征对审计质量的影响。总之，关于审计师人口特征与审计结果质量控制的研究，因研究方法、文化背景、制度安排等因素的差异，尚未形成一致结论。

（2）审计师执业行为特征与审计质量

已有文献主要从专业胜任能力和审计独立性两个层面研究审计师执业行为特征对审计质量的影响。其一，在专业胜任能力方面：①执业经验，经验丰富的审计师进行审计检查和评价审计证据的效率更高（王清，2019；Chen et al.，2017；张继勋和付宏琳，2008；Earley，2002），更加有可能作出独立可靠的审计判断（Chi et al.，2017），能够约束客户的盈余管理行为（刘笑霞和李明辉，2021），从而提升审计质量（王晓珂等，2016；Chen et al.，2008）。进一步，执业经验的特性（Wang et al.，2015）、是否初次主审业务（张雪华，2022）等都可能对审计结果质量产生差异化影响。②行业专长，具备行业专长的审计师能够更加精准地识别财务报表中的重大错报风险（Taylor，2000），制定高质量的审计策略（Low，2004），提高审计质量（Chin and Chi，2009；薛爽等，2012）。但是，审计师角色差异（原红旗和韩维芳，2012）、任期长短（李思飞等，2014；Chen et al.，2010）、以及拥有行业专长的时长（Gaver and Utke，2019）会对审计师行业专长效应产生影响。其二，在审计独立性方面：①审计任期，尽管审计任期延长能够产生"客户经验积累效应"，但是更长的审计任期会使审计师与客户公司管理层之间产生"超工具性"关系，形成"独立性干扰效应"，降低审计质量（许浩然等，2017；Fargher et al.，

2008；李爽和吴溪，2006），总的来说，审计任期与审计质量呈倒"U"形关系（陈信元和夏立军，2006）。②强制轮换制度，关于审计师强制轮换制度对审计质量的影响，学界尚未形成一致观点，有学者认为审计师轮换之后签发非标准审计意见的概率相对更大（谢盛纹和闫焕民，2014；Firth et al.，2012），有助于增强独立性与审计质量（Lennox et al.，2014；龚启辉等，2011）；也有学者就此提出了相反的观点，认为审计师强制轮换未能有效保障审计质量（Litt et al.，2014；周玮和王宁，2012），甚至审计师轮换"返审"后会优待客户公司而损害审计质量（蒋心怡和陶存杰，2016）。③社会网络关系，一种观点认为，审计师与客户之间的私人关系会影响审计独立性（吴卫军，2019；杜兴强，2018；He et al.，2017；Ye et al.，2011）。另一种观点则认为，审计师与独立董事、CEO/CFO以及审计委员会之间的社会关系（向锐和林融玉，2022；张宏亮等，2019；Qi et al.，2017）会加强审计师与客户公司管理层之间的信任和沟通，有助于提升审计效率，保障审计质量。此外，有学者探讨了审计师的其他执业行为特征，包括审计师的薪酬水平（Hoopes et al.，2018）、处罚经历（谢获宝等，2018；方军雄，2009）、工作压力（余怒涛和王涵，2022；施先旺等，2018；Goodwin and Wu，2016；Yan and Xie，2016）等执业行为特征会通过影响专业胜任能力或者审计独立性，进而影响审计质量。

2.2.2 会计师事务所特征

会计师事务所是审计业务的承接主体，审计结果质量必然会受到事务所特征的影响，相关研究视角主要涵盖事务所规模、事务所组织形式、事务所竞争力以及事务所任期及其他方面。一是事务所规模，DeAngelo（1981）在其研究中率先提出事务所规模对于审计质量具有决定作用。在此基础上，诸多学者从事务所的法律诉讼风险（吴昊旻等，2015）、质量控制机制（Reynolds and Francis，2000）、客户与事务所匹配度（董沛武等，2018）、客户风险管控机制（宋衍蘅和肖星，2012）、监管距离（于鹏和申慧慧，2018）等角度进行了进一步探究，总体研究结论大多表明，大型会计师事务所在同等条件下的审计质量优于小型会计师事务所（徐京平和孙振杰，2021）。二是事务所组织形式，会计师事务所转制有助于增强客户公司会计稳健性（陈小林等，2016），抑制公司盈余操纵行为并提高审计质量（肖作平等，2016；刘行健和王开田，2014），但这种"转制效果"可能主要存在于大型事务所审计的客户公司群体以及法律治理较差的上市公司之间（黄敬昌等，2017）。三是事务所竞争力，原红旗和韩维芳（2012）研究发现，拥有较强地区业务竞争力的会计师事务所，会通过学习和规模效应提升审计质量，但激烈的市场竞争也可能会导致低价竞争和降低审计质量的行为（吴溪等，2018）。四是事务所任期及其他方面，有研究表明，事务所的声誉管理（朱松和柯晓莉，2018）、道德文化管理（Svanberg and Öhman，2016）、审计任期（陈信元和夏立军，2006）、组织效率（杨世信等，2020）、国际化程度（彭雯等，2022）都会在一定程度上影响审计质量。

2.2.3　审计团队特征

相较于会计师事务所和审计师个人两个维度，从审计团队视角考察审计结果质量的影响因素是一个新兴的研究方向，作为事务所内部的非正式组织，其自身的结构特征和内部成员关系等均会对审计质量产生影响（史文等，2019；Cameran et al.，2018；Vasarhelyi and Romero，2014）。具体而言，审计项目团队成员之间的校友关系（王德宏等，2017）、搭档关系稳定性（闫焕民等，2017）、审计团队行业专长（宋子龙和余玉苗，2018）、联合审计经历（Bianchi，2018）、团队身份异质性（李文颖等，2019）等能够通过促进知识信息的项目团队内部共享、加强内部沟通、增强团队协同效应等作用机制，提高审计质量。然而，审计项目中过于庞大的团队规模（廖义刚和黄伟晨，2019）、团队成员的任期异质性（闫焕民等，2019）会导致审计师沟通协调成本的上升，将抑制团队协同效应的发挥并降低审计质量。此外，审计团队成员的代理关系与受托责任（吴溪等，2020）、项目团队的业务压力（Cheng et al.，2021；Brant et al.，2021），也会对审计质量产生影响。

2.3 文献评述

纵览国内外研究现状及发展动态可知：

（1）基于审计供给方的角度，近年来，中外审计领域研究主要聚焦于会计师事务所主体与签字审计师个体两个层面，分所层面的审计问题研究明显滞后且严重匮乏，这与数量庞大的分所群体占据我国证券审计业务超过"半壁江山"的现实情况严重不符。事实上，由于我国"本土所"在过去三十年经过跨越式、规模化发展阶段，实现了"做大"但未实现"做强"，分所数量庞大但一体化治理较差，并且演化成为制约"本土所"高质量发展的"卡脖子"问题。因此，分所一体化治理问题是当前审计学界亟待展开的研究，以期形成系统性的理论研究成果，从而为会计师事务所行业突破发展瓶颈提供理论支撑。

（2）审计质量一直是审计研究领域的热点与焦点，现有文献主要集中于审计师个人层面、会计师事务所层面和审计团队层面进行探索，并形成了丰硕的研究成果。然而，目前针对审计质量问题的研究，大多忽视了分所层面特征因素的重要性。事实上，在我国"本土所"中，分所是极为重要的决策单元，在业务承接、客户管理、人力资源配置等方面拥有较大自主权，呈现分所"分灶吃饭"而全所"共担风险"的普遍性不合理现象。分所的审计质量理应是会计师事务所审计风险控制链条中不可忽视的重要一环，而这恰恰是目前中外审计研究领域涉猎不多、探索不足的"盲区"，导致针对审计质量未能形成一个系统的、完整的研究体系框架。

第 3 章

分所所长能力特征与审计质量

第3章 分所所长能力特征与审计质量

3.1 理论分析与假设提出

3.1.1 分所所长业务能力与审计质量

会计师事务所分所所长的业务能力对审计质量的影响作用机制可能有三：其一，作为签字审计师，所长在高质量完成自己所负责的审计业务时，其本身需要具备扎实的业务能力，包括对会计准则、审计标准和相关法律法规的深入理解，以及对特定行业和企业的专业知识和经验，这种业务能力使所长能够准确把握审计工作的要求和重点，有效规划和执行审计程序，确保审计工作的准确性和可靠性。其二，分所所长作为审计团队的领导者，其业务能力还体现在对团队成员的指导和培养上，具备较强业务能力的分所所长能够准确把握审计的重点和难点，合理分配资源，提高审计工作的效率和质量，同时，他们能够针对复杂的审计问题提供专业的解决方案，引导团队成员充分发挥各自的专业优势，提高审计报告的准确性和可信度。其三，借鉴高层梯队理论，一方面，高层梯队理论认为领导者的个人特征对组织的绩效和决策产生重要影响，分所所长的认知能力、价值标准和行为选择的不同将直接影响到分所审计过程和结果的质量。具备较高认知能力、正直品质和注重审计质量的所长更能够准确识别潜在风险、坚持专业原则、维护审计独立性，从而提升审计质量和业务可信度。另一方面，所长并非完全理性的经济人，其认知偏差、价值观念和行为感知等心理因素会直接影响其经营决策和战略布局，导致可能出现非理性行为，在客户业务承接方面，具有管理经验的所长会更注重自身声誉的建设，因此会更加谨慎地把控客户风险，倾向于接受风险较低的业务，这使他们更能够处理分所运营过程中的不确定性和模糊性，从而更能够识别审计过程中潜在的风险，提高审计质量。

综上所述，分所所长的业务能力对审计质量的影响机制在于其本身作为签字审计师所需的业务能力以及对团队成员的指导和培养作用，通过这些机制有效提升审计工作的质量和水平。从理论上讲，所长业务能力越强，分所审计业务质量越高，由此提出假设3-1：

假设3-1：限定其他条件，分所所长业务能力与审计质量呈正相关关系。

3.1.2　分所所长管理能力与审计质量

会计师事务所分所所长的管理能力对审计质量的影响作用机制可能有三：其一，领导与团队协作方面，所长在审计团队中扮演着领导者的角色，其管理能力直接影响着团队的协作和执行效率，一个优秀的所长能够通过有效地领导和管理团队，使团队成员明确任务目标、分工合作、有效沟通，提高工作效率和质量，能够激励团队成员，建立积极的工作氛围，使团队成员充满动力和创造力。此外，所长还需具备良好的决策能力和危机处理能力，在面对复杂的审计问题时能够迅速作出正确的决策，确保审计工作的顺利进行。其二，资源管理与优化方面，所长需要有效地管理和优化审计项目所需的各种资源，包括人力、时间、技术和财务资源等，他们需要根据项目需求合理分配资源，确保团队有足够的资源支持，从而保证审计项目能够按时高效地完成，通过有效的资源管理和优化，所长能够提高审计项目的执行效率和质量，降低审计成本，增强事务所的竞争力。其三，风险管理与控制方面，所长需要有效地识别、评估和管理审计项目中的各类风险，包括业务风险、审计风险和项目风险等，他们需要制定相应的风险管理策略和控制措施，降低项目的潜在风险，确保审计工作的可靠性和准确性，通过有效的风险管理和控制，所长能够提高审计项目的质量和可信度，增强客户对事务所的信任度，进而提升事务所的声誉和竞争优势。

会计师事务所分所所长的管理能力通过领导与团队协作、资源管理与优化、风险管理与控制等方面的作用机制，直接影响到审计质量的提升和事务所整体绩效的改善。因此，培养和提升所长的管理能力对于提升审计质量和事务所的竞争力具有重要意义，由此提出假设3－2：

假设3－2：限定其他条件，分所所长管理能力与审计质量呈正相关关系。

3.1.3　一体化治理水平的调节作用

随着会计师事务所规模的不断扩大和分所数量的增多，提高会计师事务所一体化治理水平以及加强分所审计风险管控已成为当前急需解决的问题（吴溪等，2018）。首先，会计师事务所一体化强调统一的合伙人业绩考核政策和标准，以确保合伙人在同一个"利润池"中进行分配，从而避免分所之间出现"各自为政"和"分灶吃饭"的情况，这有助于树立分所间的共同体意识，加强合作，从而保障审计质量；其次，会计师事务所的一体化能有效减少总所与分所之间的沟通障碍，将总所的控制理念和执业标准传达至分所，这不仅有助于提高分所的风险防控意识，也能帮助提升分所的执业水平，改善审计质量。

会计师事务所总分所一体化治理水平通常反映了事务所整体规模和管理水平。其一，较大规模的会计师事务所往往拥有更丰富的资源和更完善的管理机制，总分所一体化治理水平越高，意味着更多的培训和支持，分所所长会受益于此，使分所所长能够不断提升自身的业务水平和管理技能，这有助于提升分所所长的业务能力和管理能力，从而能够更好地执行审计工作、提高审计质量。其二，大规模的会计师事务所往往拥有更多的业务范围和客户资源，在总分所一体化治理水平较高的情况下，分所所长可以借助事务所整体的品牌和客户基础，获取更多的业务机会和项目资源，通过参与更多、更复杂的审计项目，分所所长可以不断提升自身的业务水平，并积累更丰富的管理经验，进而提高审计质量。其三，大规模的会计师事务所往往具有更完善的内部培训和晋升机制，事务所规模越大，其对人才的培养和选拔也会更加重视。借鉴激励理论，通过建立健全的培训计划和晋升机制，事务所可以更好激发所长的工作动机和积极性，使其更加注重审计工作，努力提升自身的表现和管理水平，提高其对审计质量的关注度和投入程度，从而促进审计质量的不断提升和事务所整体绩效的改善，并为其提供更广阔的职业发展空间。这种良好的人才培养和激励机制有助于吸引、留住高素质的人才，进而增强分所所长的业务能力和管理能力，推动审计质量的提升。因此，会计师事务所一体化治理水平对于增强分所所长业务能力和管理能力，进而提升审计质量具有重要意义，由此提出假设3-3a和假设3-3b：

假设3-3a：限定其他条件，会计师事务所一体化治理水平能促进分所所长业务能力对审计质量的正向影响。

假设3-3b：限定其他条件，会计师事务所一体化治理水平能促进分所所长管理能力对审计质量的正向影响。

3.2 变量界定与模型构建

3.2.1 变量界定

（1）审计质量：操纵性应计利润的绝对值（AbsDA）

借鉴薛爽等（2011）等研究经验，依据修正琼斯模型估算公司的操纵性应计利润值，并以其绝对值作为审计质量的替代变量，记为 DA，该数值越大，意味着审计质量越低。

$$\frac{TA_{i,t}}{A_{i,t-1}} = \beta_1 \frac{1}{A_{i,t-1}} + \beta_2 \frac{\Delta SALES_{i,t} - \Delta AR_{i,t}}{A_{i,t-1}} + \beta_3 \frac{PPE_{i,t}}{A_{i,t-1}} + \varepsilon_{i,t} \quad 式（3-1）$$

在式（3-1）中，$TA_{i,t}$表示公司总应计利润（公司营业利润减去经营活动现金净流量），$A_{i,t-1}$表示公司期初总资产，$\Delta SALES_{i,t}$表示公司销售收入增加额，$\Delta AR_{i,t}$表示公司应收账款增加额，$PPE_{i,t}$表示公司固定资产原值。式（3-1）中的回归残差值即为公司的操纵性应计利润的原值，取绝对值即为$AbsDA$。

(2) 分所所长业务能力（$EXPT$）

本章采用分所所长行业专长衡量其业务能力，理由有二：一方面，具备行业专长的审计师对相同行业的审计业务更加了解，可以发挥专业知识溢出效应，从而影响审计质量。另一方面，作为行业审计专家的所长通常具有较高的声誉意识，对其他行业的审计业务也会保持较高独立性，表现为独立性溢出效应，从而影响审计质量。本章借鉴刘文军等（2010）的方法，采用行业组合份额（IPS）来衡量审计师行业专长，并以资产数作为计算份额的指标，详见式（3-2）。

$$IPS_{j,k,t} = \sum_{t=1}^{X} ASSET_{j,k,t} / \sum_{k=1}^{Y} \sum_{t=1}^{X} ASSET_{j,k,t} \qquad 式（3-2）$$

其中，$ASSET_{j,k,t}$表示第t年审计师j在行业k（不含审计当年，因为当年所审计的业务尚未完成，不能算专长积累）的审计客户资产数，X表示截至当年累计审计签字年数最大值（不含当年），Y表示审计师j的行业客户数量，即表示审计师j在行业k截至第t年累计审计客户资产数占其个人在所有客户行业累计审计客户资产总数的比值。借鉴闫焕民等（2023）的研究，将$IPS_{j,k,t}$位于前10%的审计师界定为行业审计专家，否则，为非行业审计专家，所长为行业审计专家时，哑变量$EXPT$取值为1，所长为非行业审计专家时，哑变量$EXPT$取值为0。

(3) 分所所长管理能力（ME）

借鉴何瑛等（2019）的研究，选择解释力较强的人力资源管理能力与业务质量管理能力两个维度，取两者最大值构建权重系数，通过权重法加权计算分所所长管理能力综合得分。人力资源是企业的核心资产，对于会计师事务所这种依赖人力的服务型机构尤为重要，分所从业人员数量的增长可能意味着所长在人才招聘、培训和留存方面表现较好,也可能暗示着分所的业务规模扩大或者服务质量的提升。审计报告的准确性和可靠性直接影响到分所的声誉和客户信任,反映了审计工作的质量和审计团队的专业水平,分所所长任职期间分所其他审计师出具的审计报告不存在财务重述的情形表明分所所长对审计工作的质量进行了有效管理,确保了财务报表的准确性和可信度,这表明所长具备了规范、严谨的业务质量管理能力,能够有效监督审计工作的进行,审计工作在财务报告的核实过程中没有发现重大错误或遗漏,证明了审计团队的专业能力和审计质量的高水平,保证了审计结果的客观性和真实性。因此,本章选择分所从业人员数量衡量所长人力资源管理方面的表现,选择分所其他审计人员出具的审计报告(即两个签字审计师皆不是分所所长)不存在财务重述的情况衡量所长业务质量管理方面的表现,采用定量化的加权计算方式,两者加权计算得出复合指标用于衡量分所所长管理能力,能够更全面地评估分所所长的管理能力,详见式(3-3)。

$$ME_{j,t} = \frac{MAX_{j,t,Restate}}{MAX_{j,t,Cyryln} + MAX_{j,t,Restate}} \times Cyryln_{j,t} + \frac{MAX_{j,t,Restate}}{MAX_{j,t,Cyryln} + MAX_{j,t,Restate}} \times Restate_{j,t}$$

式(3-3)

其中,$Cyryln_{j,t}$ 表示第 t 年审计师 j 所在事务所从业人员数量取对数;$Restate_{j,t}$ 表示第 t 年审计师 j 所在事务所其他审计师审计该客户公司出具的审计报告是否存在财务重述的情况,不存在财务重述取值为 1,否则为 0;$MAX_{j,t,Restate}$ 表示财务重述情况数值中的最大值,$MAX_{j,t,Cyryln}$ 表示从业人员数量取对数数值中的最大值。

(4)控制变量

借鉴闫焕民等(2023)研究经验,控制了公司层面、审计师层面和事务所层面可能影响审计质量的潜在因素,此外,还控制了年度和行业固定效应。

①公司规模($Size$),年末总资产的自然对数。通常而言,上市公司因其市场影响较大,因而受到监管机构和社会公众的更多关注,这种情况

下，上市公司的财务状况通常较为稳健，公司管理层通常也不太倾向于进行盈余管理。此外，随着公司规模的增大，注册会计师在执行审计工作时会更加谨慎，以确保避免因大规模企业的审计失败而给会计师事务所带来严重的声誉损失和诉讼成本。

②资产负债率（$Debt$），公司当年的总负债除以总资产。主要用于反映公司的长期偿债能力，当上市公司的资产负债率较高时，其面临的财务和经营风险相对较大，在这种情况下，管理层可能会通过盈余管理来缓解公司的财务和经营风险。

③总资产报酬率（Roa），公司当年的净利润除以期末总资产。通常用来衡量公司的盈利能力，即该指标值越大，表示公司盈利能力越强，在这种情况下，管理层因经营状况良好而进行盈余管理的动机会相对较弱。相反，当公司的盈利能力较差时，管理层为满足业绩需求很可能会进行利润操纵。

④市场类型（Yar），上证 A 股市场（不包含科创板）取值为 1，上证 B 股市场取值为 2，深证 A 股市场（不包含创业板）取值为 4，深证 B 股市场取值为 88，创业板取值为 16，科创板取值为 32，北证 A 股市场取值为 64。

⑤两职合一（CC），董事长与总经理两职合一取值为 1，否则，取值为 0。两职合一的情况下，可能导致权力集中和潜在的代理问题，管理层可能会面临更大的压力来实现业绩目标，继而管理层更关注短期绩效，从而可能诱发盈余管理行为以满足市场预期。

⑥净资产收益率（Roe），净利润与净资产的比值。净资产收益率反映了公司每单位所有者权益创造的利润水平，其高低反映了公司的盈利能力和资产运营效率。当净资产收益率较高时，表明公司在利用所有者权益创造利润方面表现良好，管理层无需进行盈余管理来掩盖低利润的情况。当净资产收益率较低时，表明公司盈利能力较差，管理层为了维持股东信心、避免股价下跌等，可能会采取盈余管理手段来提高净利润水平，例如，通过盈余管理调整财务报表以人为提高净利润率。

⑦投资收益率（Roi），净收益与投资总额的比值。反映了公司利润与其资产的关系，较高的资产收益率意味着公司在利用资产方面效率较高，管理层盈余管理的动机较小。低资产收益率可能意味着公司资产配置不当或者资产运营效率较低，为了掩盖资产配置不当或运营效率低下的问题，管理层可能会进行盈余管理，通过虚增收入或减少费用等方式提高净利润率，该变量预期符号为负。

⑧托宾 Q 值（TQ），托宾 Q 值是公司市场价值与重置成本的比值，反映了公司的投资价值和市场估值。

⑨独董比例（Indp），董事会成员中独立董事所占比例。独立董事在公司治理中起着监督和制衡的作用，其比例的高低可能影响公司内部控制和管理层的行为。当独立董事比例较低时，公司内部治理机制可能较弱，管理层可能面临更少的监督与约束，从而可能更容易进行盈余管理以达到自身利益最大化的目的。当公司独立董事比例较高时，管理层的行为面临更多的监督和制衡，可能更加谨慎地避免盈余管理行为。

⑩流动比率（Liq），流动资产与总资产的比值。流动比率反映了公司的流动性状况，其高低会影响公司的资金运营和财务稳定性。较高的流动比率意味着公司具有良好的流动性，管理层不太可能因为流动性问题而进行盈余管理。低流动比率可能表明公司流动性较差，管理层为了应对现金流问题或避免财务困境，可能会通过盈余管理手段来调整财务报表，以传递更好的财务健康状况。

⑪第一大股东持股比例（Top），第一大股东持股比例反映了公司的股权结构和控制权分配情况，当公司第一大股东持股比例较低时，管理层可能更注重公司整体利益，而不是为了满足特定股东利益而进行盈余管理。当第一大股东持股比例较高时，管理层可能受到更大程度的股东压力，特别是在股东利益与公司利益存在分歧时，为了迎合大股东利益或避免股东不满，管理层可能会进行盈余管理。

⑫事务所规模（Big），设置虚拟变量，若分所所属事务所是国际四大事务所，Big 取值为 1，否则为 0。相较于非四大事务所，四大事务所更注

重声誉机制的建立和维护，因此会加强对分所的管控，以弥补分所在风险质控方面的不足。因此，对于审计客户的盈余管理行为，四大事务所相对容忍程度会较低。

⑬审计师任期（$Captn$），取两位签字审计师的均值。长期任职的审计师积累了丰富的行业经验和专业知识，能够更准确地识别潜在的审计风险，并提供更高质量的审计服务，从而提高审计质量。

⑭客户依赖度（Imp），借鉴闫焕民等（2023）的研究，用公司资产除以审计师当年所有客户公司资产之和，取两位审计师的均值。当审计师对特定客户高度依赖时，可能存在代理问题，审计师可能倾向于迎合客户需求而放松审计程序，从而降低审计质量。相反，对于客户依赖度较低的审计师，他们可能更加独立和严格地执行审计程序，以提高审计质量。

⑮审计师性别（Gen），审计师为男性取值为 1，否则，取值为 0。统计两位签字审计师中男性审计师的个数。

相关变量定义及说明如表 3-1 所示。

表 3-1　　　　　　　　　　变量定义表

变量类型	变量名称	变量标识	变量说明
被解释变量	操纵性应计利润	$AbsDA$	利用修正琼斯模型估算的操纵性应计利润的绝对值，见前述变量定义
解释变量	分所所长业务能力	$EXPT$	采用客户资产总额的行业市场份额法计算
	分所所长管理能力	ME	所长任职期间的分所从业人员数量取对数与分所其他审计师出具的审计报告不存在财务重述情形的加权复合指标
控制变量	公司规模	$Size$	年末总资产的自然对数
	资产负债率	$Debt$	负债与总资产的比值
	总资产报酬率	Roa	净利润与期末总资产的比值
	市场类型	Yar	见前文
	两职合一	CC	董事长与总经理两职合一取值为 1，否则，取值为 0

续表

变量类型	变量名称	变量标识	变量说明
控制变量	净资产收益率	Roe	净利润与净资产的比值
	投资收益率	Roi	净收益与投资总额的比值
	托宾 Q 值	TQ	市场价值与重置成本的比值
	独董比例	Indp	董事会成员中独立董事所占比例
	流动比率	Liq	流动资产与总资产的比值
	第一大股东持股比例	Top	第一大股东持股比率
	事务所规模	Big	公司聘请国际四大事务所取值为1，否则，取值为0
	审计师任期	Cpatn	审计师任期，取两位签字审计师均值
	客户依赖度	Imp	公司资产除以审计师当年所有客户公司资产之和，取两位审计师的均值
	审计师性别	Gen	签字审计师的性别，男性取值为1，否则，取值为0，统计两位签字审计师中男性审计师的个数

3.2.2 模型构建

为了检验分所所长能力特征对审计质量的影响，借鉴已有研究经验并构建模型，见式（3-4）和式（3-5），其中，$EXPT$ 表示分所所长业务能力，ME 表示分所所长管理能力，$Controls$ 代表控制变量组合，此外，进一步控制年度（$Year$）和行业（Ind）固定效应。进一步，为了检验会计师事务所一体化治理水平对分所所长能力特征与审计质量之间关系的调节作用，对式（3-4）与式（3-5）进行分组回归。

$$Abs\,DA_{i,t} = \beta_0 + \beta_1 EXPT_{i,t} + \sum Controls_{i,t} + \sum Year + \sum Ind + \varepsilon_{i,t}$$
式（3-4）

$$Abs\,DA_{i,t} = \beta_0 + \beta_1 ME_{i,t} + \sum Controls_{i,t} + \sum Year + \sum Ind + \varepsilon_{i,t}$$
式（3-5）

3.3 实证分析

3.3.1 研究样本与数据来源

本章选取 2017—2022 年作为样本区间，以各个会计师事务所分所所长拥有签字业务年度分所审计的 A 股上市公司作为初始样本，依次剔除金融保险业、ST 类公司样本，以及在财务数据及其他变量中存在数据缺失的观测值，最终得到 2017—2022 年共 1682 个年度 - 公司样本观测值[①]。此外，为了缓解变量中极端值的干扰，对所有连续变量进行首尾 1% 分位的 *WIN-SORIZE* 处理。

其中，确定业务归属方面，由于我国上市公司年报需要由两位审计师签字，因此我们按照如下办法确定业务归属：利用国泰安注册会计师数据库去识别每位注册会计师所属机构，与观测值的签字注册会计师进行匹配，区分出由总所独立进行审计的样本、总所与分所共同审计的样本、分所独立审计的样本以及不同分所共同审计的样本，并在此基础上剔除总所独立审计的样本、总所与分所共同审计的样本，同时以第一位签字注册会计师所在的分所作为该业务归属分所的认定标准。本章所需数据主要来自中国注册会计师协会行业管理信息系统披露的会计师事务所分所历年注册会计师数据，包括注册会计师名单、注册会计师个体特征等信息，以及国家企业工商信息查询系统披露的各家会计师事务所分所历年所长及业务数

---

① 本章研究的是分所所长能力特征对审计质量的影响，由于分所所长能力特征指标随年度变化，通过分所所长有业务年度计算该能力指标，观测有签字业务年度中分所所长能力特征对分所审计质量的影响，因此初始样本为各个会计师事务所分所所长有签字业务当年的该事务所分所审计的全部非金融类 A 股上市公司，其中既包括所长参与审计的业务，也包括所长有签字业务当年的分所其他审计师审计的业务，不包括所长未参与签字业务的数据。

据，包括分所前后任所长姓名、客户名称、客户数量、客户规模等信息。这些数据都是通过手工收集获得，同时还针对审计师姓名错误、是否重名、是否发生跳槽等情况做了进一步的检查和修正。

3.3.2 描述性统计分析

表3-2结果显示，操纵性应计利润绝对值（$AbsDA$）均值为0.045，标准差为0.045，中位数为0.032，这表明样本公司在修正琼斯模型中涉及的操纵性应计利润的数据分布合理。分所所长业务能力（$EXPT$）的均值为0.272，标准差为0.445，表明只有27.2%的分所所长具备行业审计专家的资质；分所所长管理能力（ME）的均值为0.872，标准差为0.467，表明分所所长的管理能力综合得分在0.872左右。另外，客户公司规模（$Size$）均值为22.44，负债比率（$Debt$）均值为0.434，与已有文献的研究结果基本一致，其他控制变量的分布也基本相符。

表3-2　　　　　　　　　描述性统计结果

变量	样本量	均值	标准差	上四分位数	中位数	下四分位数	最小值	最大值
$AbsDA$	1682	0.045	0.045	0.014	0.032	0.059	0.001	0.247
$EXPT$	1682	0.272	0.445	0.000	0.000	1.000	0.000	1.000
ME	1682	0.872	0.467	0.522	0.644	1.427	0.260	1.671
$Size$	1682	22.440	1.299	21.530	22.310	23.180	19.800	26.400
$Debt$	1682	0.434	0.199	0.286	0.425	0.573	0.061	0.952
Roa	1682	0.030	0.095	0.012	0.034	0.065	-1.239	0.786
Yar	1682	6.018	6.822	1.000	4.000	4.000	1.000	32.000
CC	1682	0.277	0.448	0.000	0.000	1.000	0.000	1.000
Roe	1682	0.052	0.156	0.023	0.067	0.118	-0.948	0.403
Roi	1682	0.657	3.597	0.011	0.055	0.150	-3.550	29.740
TQ	1682	2.367	1.580	1.325	1.871	2.850	0.849	11.740
$Indp$	1682	0.378	0.053	0.333	0.364	0.429	0.333	0.571

续表

变量	样本量	均值	标准差	上四分位数	中位数	下四分位数	最小值	最大值
Liq	1682	2.244	2.084	1.103	1.578	2.453	0.269	12.660
Top	1682	32.390	14.640	21.120	29.500	41.540	8.940	71.770
Big	1682	0.064	0.244	0.000	0.000	0.000	0.000	1.000
$Cpatn$	1682	2.981	1.753	1.500	2.500	4.000	1.000	9.500
Imp	1682	0.583	0.283	0.391	0.583	0.797	0.024	1.000
Gen	1682	1.448	0.625	1.000	2.000	2.000	0.000	2.000

3.3.3 相关性分析

表3-3报告了主要变量的相关性检验结果，Pearson（左下）和Spearman（右上）相关系数显示，操纵性应计利润绝对值（AbsDA）与分所所长业务能力（EXPT）以及分所所长管理能力（ME）的相关系数均在10%的水平上显著为负，说明会计师事务所分所所长业务能力与管理能力与审计质量正相关。

3.3.4 多元回归分析

（1）分所所长业务能力与审计质量

表3-4第（1）列和第（2）列报告了分所所长业务能力与审计质量的回归结果。结果显示，在不加入控制变量的基础上，以操纵性应计利润绝对值（AbsDA）作为审计质量度量指标，分所所长业务能力（EXPT）的回归系数在1%的水平上显著为负，说明分所所长的业务能力越强，审计质量就越高。在同时考虑控制变量时，分所所长业务能力（EXPT）的回归系数在1%的水平上仍然显著为负，说明业务能力强的所长可以降低公司盈余操纵程度，在审计工作过程中表现出的高水平业务技能有助于提高审计的质量。综上所述，检验结果支持了本章假设3-1。

表 3-3 相关系数表

	AbsDA	EXPT	ME	Size	Debt	Roa	Yar	CC	Roe	Roi	TQ	Indp	Liq	Top	Big	Cpatn	Imp	Gen
AbsDA	1	-0.040*	-0.063*	-0.090*	-0.018	0.061*	0.073*	0.041*	0.075*	-0.007	0.146*	0.028	0.063*	-0.045*	-0.041*	-0.068*	-0.088*	-0.009
EXPT	-0.056*	1	0.273*	0.066*	-0.004	0.063*	0.034	0.024	0.068*	-0.021	0.038	0.071*	0.002	-0.009	0.251*	0.017	-0.116*	-0.041*
ME	-0.067*	0.200*	1	-0.085*	-0.121*	0.113*	0.139*	0.048*	0.084*	0.024	0.115*	0.060*	0.162*	-0.000	0.024	-0.006	-0.193*	-0.085*
Size	-0.078*	0.136*	-0.106*	1	0.507*	-0.049*	-0.343*	-0.217*	-0.120*	0.003	-0.572*	-0.090*	-0.468*	0.166*	0.300*	0.163*	0.419*	-0.022
Debt	0.029	-0.007	-0.130*	0.508*	1	-0.433*	-0.189*	-0.113*	-0.149*	-0.088*	-0.461*	-0.059*	-0.080*	0.025	0.099*	0.095*	0.230*	0.021
Roa	0.017	0.065*	0.057*	0.040*	-0.302*	1	-0.003	0.016	0.092*	0.121*	0.351*	0.017	0.378*	0.202*	0.079*	-0.120*	-0.043*	-0.018
Yar	0.067*	0.028	0.112*	-0.369*	-0.228*	-0.014	1	0.160*	-0.067*	-0.063*	0.304*	0.092*	0.211*	-0.253*	-0.102*	-0.055*	-0.159*	-0.004
CC	0.040	0.024	0.063*	-0.189*	-0.116*	-0.013	0.169*	1	-0.021	-0.046*	0.213*	0.106*	0.117*	-0.081*	-0.063*	-0.049*	-0.070*	0.013
Roe	0.012	0.072*	0.068*	0.084*	-0.266*	0.084*	-0.022	-0.025	1	0.100*	0.237*	-0.003	0.165*	0.219*	0.142*	-0.096*	0.039	-0.009
Roi	0.025	-0.054*	0.039	-0.091*	-0.027	0.018	-0.018	-0.001	-0.000	1	0.010	-0.005	0.095*	0.072*	0.032	-0.065*	0.036	-0.000
TQ	0.172*	0.019	0.089*	-0.425*	-0.380*	0.148*	0.333*	0.165*	0.118*	0.035	1	0.074*	0.424*	-0.111*	-0.070*	-0.165*	-0.274*	-0.003
Indp	0.028	0.080*	0.060*	-0.019	-0.048*	-0.014	0.101*	0.105*	0.001	-0.006	0.041*	1	0.057*	0.047*	0.079*	-0.074*	-0.034	-0.019
Liq	0.016	0.012	0.116*	-0.398*	-0.676*	0.200*	0.232*	0.054*	0.135*	0.063*	0.342*	0.075*	1	-0.031	-0.074*	-0.131*	-0.206*	-0.029
Top	-0.041*	-0.006	-0.036	0.211*	0.036	0.147*	-0.192*	-0.074*	0.156*	0.057*	-0.106*	0.062*	-0.051*	1	0.115*	-0.093*	0.026	-0.019
Big	-0.040*	0.251*	-0.028	0.397*	0.102*	0.072*	-0.073*	-0.063*	0.100*	0.004	-0.021	0.091*	-0.059*	0.134*	1	-0.026	0.211*	-0.128*
Cpatn	-0.031	0.010	-0.006	0.152*	0.084*	-0.049*	-0.161*	-0.061*	-0.049*	-0.056*	-0.121*	-0.061*	-0.098*	-0.088*	-0.033	1	0.083*	0.010
Imp	-0.074*	-0.112*	-0.139*	0.424*	0.228*	-0.010	-0.164*	-0.076*	0.024	-0.038	-0.164*	-0.019	-0.157*	0.046*	0.207*	0.076*	1	-0.055*
Gen	-0.017	-0.037	-0.094*	-0.048*	0.010	-0.023	0.006	0.009	-0.007	-0.014	-0.012	-0.037	0.004	-0.031	-0.132*	0.007	-0.057*	1

注：* 表示在 10% 的水平上显著。

表3-4 分所所长业务能力、管理能力与审计质量①

变量名称	(1) AbsDA	(2) AbsDA	(3) AbsDA	(4) AbsDA
EXPT	-0.006*** (-2.667)	-0.007*** (-2.881)		
ME			-0.007*** (-2.736)	-0.008*** (-3.388)
Size		0.000 (0.081)		-0.000 (-0.263)
Debt		0.030*** (3.049)		0.029*** (3.030)
Roa		0.014 (0.467)		0.013 (0.427)
Yar		0.000 (0.888)		0.000 (0.946)
CC		0.000 (0.191)		0.000 (0.164)
Roe		0.002 (0.134)		0.004 (0.228)
Roi		0.000 (0.479)		0.000 (0.647)
TQ		0.005*** (4.680)		0.005*** (4.678)
Indp		0.019 (0.941)		0.020 (0.949)
Liq		-0.000 (-0.087)		0.000 (0.004)
Top		-0.000 (-0.339)		-0.000 (-0.209)

① 此处将分所所长业务能力 EXPT 与管理能力 ME 分别放入式(3-4)与式(3-5)中进行回归,后续稳健性检验中进行了影响因素的整合考虑,将分所所长的业务能力 EXPT 与管理能力 ME 一起放入式(3-4)中进行回归,结果依旧稳健。

续表

变量名称	(1) AbsDA	(2) AbsDA	(3) AbsDA	(4) AbsDA
Big		-0.004		-0.007
		(-0.820)		(-1.526)
$Cpatn$		-0.000		-0.000
		(-0.782)		(-0.695)
Imp		-0.012***		-0.011***
		(-2.893)		(-2.730)
Gen		-0.001		-0.002
		(-0.600)		(-0.922)
$Cons$	0.066***	0.038	0.069***	0.050
	(5.768)	(1.162)	(5.946)	(1.587)
$Year/Ind$	Yes	Yes	Yes	Yes
Adj_R^2	0.028	0.065	0.029	0.067
N	1682	1682	1682	1682

注：括号内为 t 值，***、**和*分别表示在1%、5%和10%的水平上显著，下同。

其可能的解释是：其一，对于行业内的业务，一方面，分所所长作为审计业务从业者，拥有更丰富的审计经验和专业技能，能够更准确地识别和评估潜在的风险和问题，从而更加有效地执行审计工作。另一方面，作为管理者，分所所长能够有效地组织和指导团队，提供必要的资源和支持，促进团队合作和沟通，确保审计工作的顺利进行，更好地发挥专业知识溢出效应。其二，对于其他行业的业务，作为行业审计专家的所长通常具有较高的声誉意识，对行业外的审计业务也会保持较高独立性，表现为独立性溢出效应，从而影响审计质量。

（2）分所所长管理能力与审计质量

表3-4中第（3）列和第（4）列报告了分所所长管理能力与审计质量的回归结果。结果显示，在不加入控制变量的基础上，以操纵性应计利润绝对值（AbsDA）作为审计质量度量指标，分所所长管理能力（ME）的回归系数在1%水平上显著为负，说明分所所长的管理能力越强，审计质

量就越高。在同时考虑控制变量时，分所所长管理能力（ME）的回归系数仍然在1%水平上显著为负。综上所述，检验结果支持了本章假设3-2。

其可能的解释是：其一，分所所长作为管理者，其优秀的管理能力直接影响着审计团队的组织、协调和执行效率。管理能力强的所长能够合理配置审计资源，确保团队中有足够的经验丰富、专业能力强的审计人员，从而提高审计团队的整体素质和执行效率。其二，分所所长能够有效地监督和指导审计团队执行审计程序，严格执行审计准则，更加有效地组织和管理审计团队，减少审计风险和错误，从而提高审计质量的稳定性和可靠性。其三，分所所长优秀的客户关系和沟通管理能力能够与客户进行有效的沟通和协调，及时了解客户需求和期望，从而更好地把握审计重点和关注点，提高审计的针对性和有效性，及时发现和解决审计过程中的潜在问题，确保审计工作的顺利进行和审计质量的提升。

（3）一体化治理的调节效应

如果总所与分所之间未贯彻一体化管理制度，就容易导致双方出现信息不对称等问题，这种情况下，总所与分所之间的沟通可能仅仅停留在表面，而总所对分所的统一有序管理也难以实现。随着时间的推移，分所可能会逐渐将实现自身利益最大化作为其发展目标，从而放松对审计各个环节的风险把控，最终分所的审计质量可能会受到影响，同时增加分所名誉受损的风险。

一方面，分所的业务收入由自身独享，然而，审计失败所带来的声誉损失和法律风险却由整个事务所承担，导致存在着收益与风险不平衡的情况，尤其在规模较大的事务所中更为显著，因此，规模较大的事务所更有动力提升一体化管理水平，加强对分所的管控。另一方面，随着事务所规模的增大，总所和分所之间的代理成本也相应增加，为了降低内部的代理成本，总所会加强对分所的一体化治理。鉴于此，借鉴张新民等（2020）的研究思路，本章将国际"四大"与本土"六大"事务所视为"一体化治理水平高"，否则为"一体化治理水平低"，为检验假设3-3a和假设3-3b，考察会计师事务所一体化治理水平如何影响分所所长业务能力和管理能力与审计质量的关系，本章根据观测值所归属的会计师事务所，进一步将全部观测值划分为"一体化治理水平高"组和"一体化治理水平低"组，其中"一体化治理水平高"组内有991个样本，"一体化治理水平低"组内有691个样本，然后将这些样本代入式（3-4）和式（3-5）中进行分组回归。

表3-5展示了"一体化治理水平高"组和"一体化治理水平低"组样本回归的结果，其中，第（1）列和第（3）列为"一体化治理水平高"样本的回归结果，第（2）列和第（4）列为"一体化治理水平低"组样本的回归结果。结果表明，在"一体化治理水平低"组中，分所所长业务能力（$EXPT$）和分所所长管理能力（ME）的回归系数均不显著，说明在"一体化治理水平低"时，分所所长业务能力和分所所长管理能力可能无法有效地发挥作用，从而对审计质量的贡献有限。相较之下，在"一体化治理水平高"组中，分所所长业务能力（$EXPT$）和分所所长管理能力（ME）回归系数均在5%的水平上显著为负，说明在总分所一体化治理水平较高的样本中，分所所长业务能力（$EXPT$）和分所所长管理能力（ME）越高，越能抑制被审计单位的盈余操纵行为。这说明规模大的会计师事务所因总分所之间一体化治理水平较高，所内各方面管控较为规范和严格。此外，它们有更加强烈的动机去维护自身的声誉，采用"一体化治理"的方式来加强对分所的监督，进一步放大分所所长业务能力和管理能力在审计质量提升中的积极影响。综上分析，该分组回归结果支持本章的假设3-3a和假设3-3b。

表3-5　　　　　　　　　一体化治理水平的调节作用

变量名称	(1) $AbsDA$ 一体化治理水平高	(2) $AbsDA$ 一体化治理水平低	(3) $AbsDA$ 一体化治理水平高	(4) $AbsDA$ 一体化治理水平低
$EXPT$	-0.007** (-2.450)	-0.002 (-0.400)		

续表

变量名称	(1) AbsDA 一体化治理水平高	(2) AbsDA 一体化治理水平低	(3) AbsDA 一体化治理水平高	(4) AbsDA 一体化治理水平低
ME			-0.007** (-2.216)	-0.006 (-1.408)
Size	0.002 (1.109)	-0.002 (-0.866)	0.001 (0.345)	-0.002 (-0.814)
Debt	0.015 (1.338)	0.048*** (3.285)	0.016 (1.410)	0.048*** (3.270)
Roa	-0.031 (-0.871)	0.030 (1.042)	-0.033 (-0.912)	0.030 (1.043)
Yar	0.000 (1.272)	0.000 (0.465)	0.000 (1.167)	0.000 (0.593)
CC	0.004 (1.231)	-0.003 (-0.716)	0.004 (1.346)	-0.003 (-0.750)
Roe	0.032 (1.365)	-0.000 (-0.027)	0.034 (1.443)	0.000 (0.023)
Roi	0.000 (0.153)	0.000 (0.319)	0.000 (0.240)	0.000 (0.378)
TQ	0.006*** (5.324)	0.004*** (3.050)	0.006*** (5.105)	0.004*** (3.100)
Indp	0.016 (0.659)	0.014 (0.364)	0.016 (0.652)	0.014 (0.367)
Liq	0.000 (0.020)	0.000 (0.356)	0.000 (0.122)	0.001 (0.400)
Top	0.000 (0.061)	-0.000 (-0.526)	0.000 (0.055)	-0.000 (-0.407)
Cpatn	0.001 (0.992)	-0.002* (-1.786)	0.001 (1.114)	-0.002* (-1.708)
Imp	-0.014*** (-2.737)	-0.012 (-1.558)	-0.013** (-2.456)	-0.012* (-1.665)

续表

变量名称	(1) AbsDA 一体化治理水平高	(2) AbsDA 一体化治理水平低	(3) AbsDA 一体化治理水平高	(4) AbsDA 一体化治理水平低
Gen	0.000 (0.098)	-0.003 (-1.092)	0.000 (0.028)	-0.004 (-1.215)
$Cons$	0.008 (0.212)	0.087 (1.592)	0.036 (1.001)	0.086 (1.595)
$Year/Ind$	Yes	Yes	Yes	Yes
Adj_R^2	0.054	0.064	0.053	0.066
N	991	691	991	691

注：括号内为 t 值，***、** 和 * 分别表示在1%、5%和10%的水平上显著。

3.4 稳健性分析

3.4.1 关键变量的替代测度

（1）被解释变量的替代测度

本章借鉴 Chen（2008）的研究经验，以经过审计的财务报告信息质量作为审计质量的替代指标，记为 Frq，该值越大，说明经审计的财务报告信息质量越高，审计质量越高。

表3-6报告了回归结果，其中，列（1）和列（2）是以财务报告信息质量（Frq）作为审计质量的替代测度的回归结果，该结果显示，分所所长业务能力（$EXPT$）和分所所长管理能力（ME）的回归系数均在1%的水平上显著为正，这表明所长业务能力和管理能力越高，越能提高经过审计的财务报告信息质量水平。列（3）和列（4）是根据一体化治理水平

分组后分所所长业务能力（EXPT）的回归结果，该结果显示，在"一体化治理水平高"组中，分所所长业务能力（EXPT）的回归系数在5%的水平上显著为正，而在"一体化治理水平低"组中，分所所长业务能力（EXPT）的回归系数不显著，这说明一体化治理水平较高可以促进分所所长业务能力对审计质量的正向影响。列（5）和列（6）则是根据一体化治理水平分组后分所所长管理能力（ME）的回归结果，该结果显示，在"一体化治理水平高"组中，分所所长管理能力（ME）的回归系数在10%的水平上显著为正，而在"一体化治理水平低"组中，分所所长管理能力（ME）回归系数不显著，这说明一体化治理水平较高可以促进分所所长管理能力对审计质量的正向影响。在替换被解释变量后，上述结果均与前文结果保持一致，说明研究结论稳健。

表 3-6 被解释变量的替代测度

变量名称	(1) Frq 全样本	(2) Frq 全样本	(3) Frq 一体化治理水平高	(4) Frq 一体化治理水平低	(5) Frq 一体化治理水平高	(6) Frq 一体化治理水平低
EXPT	0.091*** (3.102)		0.081** (2.327)	0.069 (1.146)		
ME		0.098*** (3.331)			0.063* (1.664)	0.084 (1.639)
Size	-0.048** (-2.452)	-0.043** (-2.269)	-0.069*** (-3.187)	-0.025 (-0.884)	-0.045** (-2.088)	0.001 (0.035)
Debt	-0.134 (-0.988)	-0.128 (-0.949)	0.121 (0.794)	-0.539*** (-2.757)	0.140 (1.118)	-0.279** (-1.985)
Roa	1.245*** (3.409)	1.257*** (3.450)	1.396*** (3.974)	1.098*** (3.786)	1.837*** (8.160)	1.197*** (5.802)
Yar	-0.003 (-1.253)	-0.004 (-1.330)	-0.003 (-0.815)	-0.006 (-1.474)	-0.002 (-0.770)	-0.007* (-1.704)
CC	0.002 (0.079)	0.003 (0.112)	0.009 (0.255)	-0.009 (-0.169)	0.003 (0.087)	0.000 (0.003)

续表

变量名称	(1) *Frq* 全样本	(2) *Frq* 全样本	(3) *Frq* 一体化治理水平高	(4) *Frq* 一体化治理水平低	(5) *Frq* 一体化治理水平高	(6) *Frq* 一体化治理水平低
Roe	0.374 (1.388)	0.354 (1.316)	0.414 (1.402)	0.250 (0.835)	0.385 (1.301)	0.246 (0.824)
Roi	−0.024 (−0.701)	−0.028 (−0.809)	−0.035 (−0.863)	0.002 (0.031)	−0.029 (−0.702)	0.016 (0.304)
TQ	−0.104*** (−7.475)	−0.105*** (−7.519)	−0.125*** (−7.941)	−0.073*** (−3.682)	−0.094*** (−6.855)	−0.064*** (−4.215)
Indp	−0.527** (−1.967)	−0.522* (−1.950)	−0.571* (−1.765)	−0.311 (−0.690)	−0.616* (−1.888)	−0.250 (−0.554)
Liq	−0.010 (−0.740)	−0.012 (−0.825)	0.007 (0.406)	−0.046** (−2.040)	0.006 (0.344)	−0.048** (−2.126)
Top	0.002* (1.817)	0.002* (1.680)	0.001 (0.451)	0.003* (1.799)	0.000 (0.332)	0.012*** (2.754)
Big	0.030 (0.540)	0.078 (1.424)	—① —	— —	— —	— —
Cpatn	0.016** (2.056)	0.015* (1.954)	−0.002 (−0.210)	0.038*** (2.998)	−0.002 (−0.138)	0.041*** (3.209)
Imp	0.150*** (2.935)	0.139*** (2.783)	0.166*** (2.632)	0.172* (1.952)	0.156** (2.462)	0.206** (2.370)
Gen	0.009 (0.433)	0.016 (0.741)	−0.006 (−0.248)	0.040 (1.164)	0.002 (0.078)	0.050 (1.463)
Cons	1.426*** (3.176)	1.304*** (2.942)	1.934*** (3.685)	0.899 (1.322)	1.313*** (2.593)	−0.196 (−0.308)
Year/Ind	Yes	Yes	Yes	Yes	Yes	Yes
Adj_R^2	0.142	0.143	0.130	0.156	0.117	0.159
N	1681	1681	991	691	991	691

注：括号内为 t 值，***、** 和 * 分别表示在1%、5%和10%的水平上显著。

① 本章将事务所规模为国际"四大"与本土"六大"作为划分事务所一体化治理水平高低的依据，故此处未控制 *Big* 变量，下同。

综上分析，当分所所长的业务能力和管理能力越强时，经审计的财务报告信息质量越高，说明大型会计师事务所因总分所之间一体化治理水平较高，所内各方面管控较为规范和严格，这种一致性有助于提高审计工作的质量和效率，并减少因分所间差异而带来的风险。此外，一体化管理意味着分所所长可以获得更多的资源支持和培训机会，包括技术培训、管理培训等，这些资源和培训能够帮助他们不断提升业务能力和管理水平，从而提高经审计的财务报告信息质量。

（2）解释变量的替代测度

对于分所所长业务能力（$EXPT$）和管理能力（ME）的替代测度，本章采用以下方法进行界定。首先，依据某行业累计审计客户资产总量占个人所有行业累计审计客户资产总量比例，筛选出排名前10的分所所长，将其界定为行业审计专家，并以哑变量 $EEXPT$ 进行标识，若所长符合该条件，$EEXPT$ 取值为1，反之，取值为0。其次，采用主成分分析法，从"分所注册会计师人数"与"其他审计师出具的审计报告无财务重述的情况"两个维度入手，利用权重法加权计算分所所长管理能力综合得分 MME。回归结果如表3-7的列（1）和列（2）所示，分所所长业务能力（$EEXPT$）和管理能力（MME）的系数在1%的水平上显著为负，说明结论依旧稳健。

表3-7　　　　　　　　　　解释变量的替代测度

变量名称	(1) AbsDA	(2) AbsDA
$EEXPT$	-0.013*** (-2.623)	
MME		-0.006*** (-2.683)
$Size$	-0.000 (-0.012)	-0.000 (-0.126)
$Debt$	0.037*** (3.866)	0.036*** (3.793)
Roa	-0.001 (-0.039)	-0.001 (-0.032)

续表

变量名称	(1) AbsDA	(2) AbsDA
Yar	0.000 (0.467)	0.000 (0.406)
CC	0.002 (0.921)	0.002 (0.930)
Roe	0.014 (0.737)	0.015 (0.778)
Roi	0.000 (0.530)	0.000 (0.552)
TQ	0.005*** (4.833)	0.005*** (4.834)
Indp	0.017 (0.890)	0.015 (0.816)
Liq	0.001 (1.163)	0.001 (1.125)
Top	−0.000 (−0.624)	−0.000 (−0.605)
Big	−0.005 (−1.020)	−0.009* (−1.948)
Cpatn	−0.001 (−1.038)	−0.001 (−1.002)
Imp	−0.011*** (−3.004)	−0.012*** (−3.062)
Gen	−0.002 (−0.985)	−0.002 (−1.080)
Cons	0.039 (1.337)	0.043 (1.482)
Year/Ind	Yes	Yes
Adj_R^2	0.062	0.063
N	1682	1682

注：括号内为 t 值，***、**和*分别表示在1%、5%和10%的水平上显著。

3.4.2 考虑潜在的内生性问题

（1）HECKMAN 两阶段

为缓解潜在内生性问题，本章构建了 HECKMAN 两阶段模型。第一阶段构建分所所长业务能力（EXPT）和分所所长管理能力（ME）的分组模型，除了控制上述常规的审计师层面的变量外，还进一步引入了四个可能影响所长能力特征的控制变量：所长是否为合伙人、是否具有本科学历、是否为财务专业以及是否毕业于财经学校。在第一阶段加入这些控制变量后，将分所所长业务能力（EXPT）和分所所长管理能力（ME）作为被解释变量，采用 Probit 回归模型进行估计，并分别计算逆米尔斯比率 $IMR1$ 和 $IMR2$，然后将二者分别代入式（3-4）和式（3-5）中进行回归。

表 3-8 第（1）列和第（2）列报告了 HECKMAN 第二阶段的回归结果，结果显示：以操纵性应计利润（AbsDA）作为被解释变量，分所所长业务能力（EXPT）和分所所长管理能力（ME）的回归系数分别在 5% 和 1% 的水平上显著为负。综上所述，分所所长业务能力（EXPT）和分所所长管理能力（ME）较高，能够降低被审计单位盈余操纵程度，进而提高审计质量，研究结论依然稳健。

表 3-8　　　　　　　　　　HECKMAN 两阶段

变量名称	(1) AbsDA	(2) AbsDA
EXPT	-0.006 ** (-1.984)	
IMR1	0.008 ** (2.167)	
ME		-0.007 *** (-2.669)
IMR2		0.009 ** (2.216)

续表

变量名称	(1) AbsDA	(2) AbsDA
Size	0.000	-0.000
	(0.245)	(-0.088)
Debt	0.027**	0.027***
	(2.566)	(2.589)
Roa	0.010	0.009
	(0.311)	(0.279)
Yar	0.000	0.000
	(0.750)	(0.846)
CC	0.000	0.000
	(0.119)	(0.104)
Roe	0.004	0.005
	(0.196)	(0.287)
Roi	0.000	0.000
	(0.330)	(0.483)
TQ	0.006***	0.006***
	(4.371)	(4.358)
Indp	0.019	0.019
	(0.892)	(0.873)
Liq	-0.000	-0.000
	(-0.377)	(-0.293)
Top	-0.000	-0.000
	(-0.317)	(-0.231)
Big	-0.005	-0.008
	(-1.109)	(-1.634)
Cpatn	-0.000	-0.000
	(-0.584)	(-0.482)
Imp	-0.012***	-0.011***
	(-2.952)	(-2.789)
Gen	-0.001	-0.002
	(-0.616)	(-0.944)

续表

变量名称	(1)	(2)
	AbsDA	AbsDA
Cons	0.024	0.040
	(0.705)	(1.188)
Year/Ind	Yes	Yes
Adj_R^2	0.067	0.068
N	1682	1682

注：括号内为 t 值，***、** 和 * 分别表示在1%、5%和10%的水平上显著。

（2）影响因素的整合考虑

在上述主回归中，分所所长业务能力（EXPT）和分所所长管理能力（ME）是分别纳入式（3-4）和式（3-5）中进行回归的。为缓解由于变量遗漏等因素可能导致的潜在内生性问题，在此将分所所长业务能力（EXPT）和分所所长管理能力（ME）这两个主要解释变量同时纳入模型中进行回归，结果如表3-9中列（1）和（2）所示，分所所长业务能力（EXPT）和分所所长管理能力（ME）均在5%的水平上显著为负，说明本章的结论依旧稳健。

表3-9　　　　　　　　　同一模型回归结果

变量名称	(1)	(2)
	AbsDA	AbsDA
EXPT	-0.005**	-0.006**
	(-2.132)	(-2.230)
ME	-0.006**	-0.007***
	(-2.247)	(-2.862)
Size		0.000
		(0.045)
Debt		0.030***
		(3.051)
Roa		0.013
		(0.438)

续表

变量名称	(1) AbsDA	(2) AbsDA
Yar		0.000
		(0.985)
CC		0.001
		(0.226)
Roe		0.004
		(0.234)
Roi		0.000
		(0.548)
TQ		0.005***
		(4.704)
Indp		0.022
		(1.058)
Liq		0.000
		(0.045)
Top		-0.000
		(-0.272)
Big		-0.005
		(-0.985)
Cpatn		-0.000
		(-0.685)
Imp		-0.012***
		(-3.114)
Gen		-0.002
		(-0.902)
Cons	0.069***	0.042
	(5.955)	(1.288)
Year/Ind	Yes	Yes
Adj_R^2	0.031	0.069
N	1682	1682

注：括号内为 t 值，***、** 和 * 分别表示在1%、5%和10%的水平上显著。

3.4.3 改变样本选择标准

在主回归分析中，业务归属问题主要涉及年报中两位签字审计师来源于同一分所和不同分所的样本，而业务归属的界定是以第一名签字审计师所属分所为准。为了进一步验证结果的稳健性，我们改变了样本的选择标准，参考 Yao 和 Xue（2019）的研究经验，筛选仅保留两位签字审计师均来自同一分所的样本，并重新进行回归检验，回归结果如表 3-10 的列（1）和列（2）所示。分所所长业务能力（EXPT）和分所所长管理能力（ME）的回归系数依旧在 1% 的水平上显著为负，与前文研究结论保持一致。

表 3-10　　改变样本选择标准：业务归属问题

变量名称	(1) AbsDA	(2) AbsDA
EXPT	-0.008*** (-3.015)	
ME		-0.008*** (-2.788)
Size	0.001 (0.461)	0.000 (0.159)
Debt	0.033*** (3.046)	0.033*** (3.007)
Roa	0.028 (0.859)	0.028 (0.850)
Yar	0.000 (1.373)	0.000 (1.357)
CC	-0.002 (-0.862)	-0.002 (-0.860)
Roe	-0.003 (-0.160)	-0.002 (-0.093)

续表

变量名称	(1) AbsDA	(2) AbsDA
Roi	0.000	0.001
	(1.213)	(1.413)
TQ	0.005***	0.005***
	(4.147)	(4.143)
$Indp$	0.012	0.013
	(0.514)	(0.570)
Liq	-0.000	-0.000
	(-0.582)	(-0.461)
Top	-0.000	-0.000
	(-0.571)	(-0.442)
Big	-0.005	-0.009
	(-0.747)	(-1.325)
$Cpatn$	-0.001*	-0.001
	(-1.810)	(-1.641)
Imp	-0.010**	-0.009**
	(-2.374)	(-2.144)
Gen	-0.001	-0.001
	(-0.511)	(-0.753)
$Cons$	0.016	0.028
	(0.467)	(0.813)
$Year/Ind$	Yes	Yes
Adj_R^2	0.076	0.076
N	1344	1344

注：括号内为 t 值，***、**和*分别表示在1%、5%和10%的水平上显著。

3.5 拓展分析

3.5.1 分所客户的重要性水平

一般而言，客户的重要性水平越高，分所面临的潜在风险也越大。具体而言，重要性水平较高的客户往往具有更大的规模、更高的社会关注度和市场影响力（谢盛纹等，2016），如果分所在审计这些重要客户时出现失误导致审计失败，其所面临的声誉受损风险将更加突出，同时也可能承担更高的诉讼成本。因此，在审计重要客户时，分所会尽可能保持审计的谨慎性和独立性，努力提供高质量的审计服务，以降低潜在的风险和损失。鉴于此，本章借鉴已有研究的做法（喻小明等，2008；Chen et al.，2010），以特定上市公司客户资产自然对数与分所所有客户资产自然对数之和的比值计量客户重要性水平，按照客户对分所的重要性水平将样本进行分组处理，将高于中位数的视为重要客户，划分为"重要性水平高"组，否则划分为"重要性水平低"组。

表3-11报告了相关分析结果，其中，列（1）和列（2）是根据重要性水平分组后分所所长业务能力（$EXPT$）的回归结果，该结果显示，在"重要性水平高"组中，分所所长业务能力（$EXPT$）的回归系数在5%的水平上显著为负，而在"重要性水平低"组中，分所所长业务能力（$EXPT$）的回归系数不显著。列（3）和列（4）是根据重要性水平分组后分所所长管理能力（ME）的回归结果，该结果显示，在"重要性水平高"组中，分所所长管理能力（ME）的回归系数在1%的水平上显著为负，而在"重要性水平低"组中，分所所长管理能力（ME）的回归系数不显著。综上所述，在客户重要性水平较高的情况下，分所所长业务能力和分所所

长管理能力越强，越有利于分所对被审计单位盈余管理行为的管控。

表 3-11 分所客户的重要性水平

变量名称	(1) AbsDA 客户重要性水平高	(2) AbsDA 客户重要性水平低	(3) AbsDA 客户重要性水平高	(4) AbsDA 客户重要性水平低
EXPT	-0.008** (-2.076)	-0.003 (-0.740)		
ME			-0.010*** (-2.910)	-0.005 (-1.306)
Size	-0.002 (-1.202)	-0.001 (-0.409)	-0.003 (-1.530)	-0.001 (-0.279)
Debt	0.039*** (3.304)	0.016 (1.044)	0.039*** (3.296)	0.016 (1.102)
Roa	0.017 (0.450)	0.011 (0.326)	0.018 (0.475)	0.011 (0.322)
Yar	0.001*** (2.594)	-0.000 (-0.180)	0.001*** (2.804)	-0.000 (-0.213)
CC	0.001 (0.172)	0.002 (0.480)	0.000 (0.059)	0.002 (0.458)
Roe	0.016 (0.783)	-0.007 (-0.275)	0.018 (0.886)	-0.007 (-0.272)
Roi	-0.000 (-0.044)	0.000 (0.595)	-0.000 (-0.139)	0.000 (0.736)
TQ	0.005*** (3.844)	0.006*** (4.855)	0.005*** (3.970)	0.006*** (4.829)

续表

变量名称	(1) AbsDA 客户重要性水平高	(2) AbsDA 客户重要性水平低	(3) AbsDA 客户重要性水平高	(4) AbsDA 客户重要性水平低
Indp	0.021	0.029	0.021	0.031
	(0.750)	(0.902)	(0.765)	(0.972)
Liq	0.000	-0.000	0.000	-0.000
	(0.247)	(-0.338)	(0.234)	(-0.215)
Top	0.000	-0.000	0.000	-0.000
	(0.497)	(-0.812)	(0.664)	(-0.780)
Big	-0.000	-0.000	-0.004	-0.002
	(-0.071)	(-0.041)	(-0.671)	(-0.213)
Cpatn	-0.001	0.000	-0.001	0.000
	(-0.986)	(0.207)	(-0.951)	(0.198)
Imp	-0.005	-0.022***	-0.003	-0.022***
	(-0.746)	(-3.771)	(-0.475)	(-3.806)
Gen	-0.002	0.000	-0.003	-0.000
	(-0.996)	(0.060)	(-1.174)	(-0.080)
Cons	0.095**	0.053	0.108***	0.046
	(2.212)	(0.803)	(2.589)	(0.697)
Year/Ind	Yes	Yes	Yes	Yes
Adj_R^2	0.081	0.052	0.085	0.054
N	1021	661	1021	661

注：括号内为 t 值，***、**和*分别表示在1%、5%和10%的水平上显著。

分所所长在面对重要客户时，面临着更高的压力和责任。重要客户通常具有更大的规模和影响力，其审计过程可能更加复杂，涉及的风险和问题也更多。因此，分所所长在审计重要客户时可能会更加注重业务能力和管理能力的发挥，以确保审计质量达到要求。他们可能会投入更多的资源和精力，采取更严谨的审计方法和控制措施，以应对潜在的风险。相反，在审计非重要客户时，分所所长可能认为审计过程相对简单，风险较低，因此对业务能力和管理能力的要求可能相对较低。

3.5.2 分所所在地区竞争程度

在不同的审计市场竞争环境下，会计师事务所可能会不同程度地受到客户盈余管理行为的影响（申富平等，2013）。分所所在地区既有客户，也存在同行业竞争者。当该地区的同行业竞争者数量较多时，表明审计市场的竞争程度较高。在竞争激烈的市场环境下，处于竞争优势地位的分所通常能够获得更多且稳定的客户资源，为了在竞争中保持竞争力，分所需要不断提升自身的声誉，并坚持保持审计独立性，不会因客户要求而妥协。因此，本章分年度统计样本分所所在地的会计师事务所总量（包括总所和分所），并计算各地区会计师事务所总数的年度中位数。当某地区总数超过年度中位数时，视为该地区审计市场竞争激烈，将其分为"竞争程度高"组，否则，划分为"竞争程度低"组。

表3-12报告了分组回归的结果，列（1）和列（2）是按照竞争程度分组后分所所长业务能力（$EXPT$）的回归结果，结果显示，在"竞争程度高"组中，分所所长业务能力（$EXPT$）的回归系数在5%的水平上显著为负，而在"竞争程度低"组中，分所所长业务能力（$EXPT$）的回归系数不显著。列（3）和列（4）是根据竞争程度分组后分所所长管理能力（ME）的回归结果，该结果显示，在"竞争程度高"组中，分所所长管理能力（ME）的回归系数在1%的水平上显著为负，而在"竞争程度低"组中，分所所长管理能力（ME）的回归系数不显著。综上所述，在竞争程

第 3 章 分所所长能力特征与审计质量

度较高的情况下，分所所长业务能力和分所所长管理能力越强，越有利于降低被审单位的盈余管理行为。

表 3-12　　　　　　　　分所所在地区竞争程度

变量名称	(1) AbsDA 竞争程度高	(2) AbsDA 竞争程度低	(3) AbsDA 竞争程度高	(4) AbsDA 竞争程度低
EXPT	-0.007** (-2.167)	-0.004 (-0.845)		
ME			-0.009*** (-2.719)	-0.003 (-0.641)
Size	-0.000 (-0.206)	0.001 (0.593)	-0.001 (-0.415)	0.001 (0.448)
Debt	0.039*** (3.357)	0.024* (1.686)	0.037*** (3.236)	0.024* (1.708)
Roa	0.037 (1.517)	-0.071 (-1.594)	0.036 (1.470)	-0.072 (-1.623)
Yar	-0.000 (-0.353)	0.001*** (2.606)	-0.000 (-0.180)	0.001** (2.569)
CC	-0.000 (-0.044)	0.003 (0.701)	0.000 (0.014)	0.003 (0.634)
Roe	-0.022 (-1.257)	0.062** (2.480)	-0.020 (-1.163)	0.063** (2.522)
Roi	0.000 (1.146)	-0.000 (-0.712)	0.001 (1.290)	-0.000 (-0.658)
TQ	0.006*** (4.994)	0.005*** (3.462)	0.006*** (5.088)	0.005*** (3.399)

续表

变量名称	(1) AbsDA 竞争程度高	(2) AbsDA 竞争程度低	(3) AbsDA 竞争程度高	(4) AbsDA 竞争程度低
$Indp$	0.005 (0.171)	0.047 (1.441)	0.005 (0.185)	0.047 (1.440)
Liq	-0.000 (-0.246)	0.001 (0.858)	-0.000 (-0.216)	0.001 (0.882)
Top	-0.000 (-0.315)	-0.000 (-0.092)	-0.000 (-0.104)	-0.000 (-0.085)
Big	-0.013 (-1.630)	-0.000 (-0.052)	-0.016** (-2.146)	-0.002 (-0.282)
$Cpatn$	-0.002*** (-2.603)	0.002** (2.081)	-0.002** (-2.484)	0.002** (2.064)
Imp	-0.009 (-1.577)	-0.017** (-2.340)	-0.007 (-1.387)	-0.016** (-2.274)
Gen	-0.004 (-1.546)	0.001 (0.313)	-0.004* (-1.782)	0.001 (0.249)
$Cons$	0.050 (1.231)	0.005 (0.097)	0.060 (1.480)	0.012 (0.268)
Year/Ind	Yes	Yes	Yes	Yes
Adj_R^2	0.079	0.071	0.082	0.071
N	1033	649	1033	649

注：括号内为 t 值，***、** 和 * 分别表示在1%、5%和10%的水平上显著。

在竞争激烈的市场中，客户选择审计服务的标准更加严格，对审计质量的要求也更高，分所所长感受到来自同行和客户的巨大压力，需要不断努力来维护分所的声誉和市场地位。因此，其必须不断提升自身的业务能力和管理能力，从而提高分所的审计质量，进而提高客户的信任度，增强客户忠诚度，使得分所在激烈的市场竞争中能够脱颖而出，获取更多的业务机会和市场份额。在审计市场竞争较弱的情况下，较少的竞争意味着更少的客户流失和更稳定的业务来源，分所所长面临的市场竞争压力较小，在这种相对宽松的竞争环境中，分所所长认为没有必要过度投入时间和资源来进一步提升业务能力和管理能力，他们可能会更倾向于维持现状，而不是主动寻求提升，缺乏竞争压力会导致分所所长的自满情绪，减少他们提升业务能力的动力和积极性。

3.6 本章小结

本章旨在探究分所所长不同能力特征对审计质量的影响。首先，从所长的业务能力角度分析其对审计质量的影响。其次，探讨所长的管理能力对审计质量的影响。最后，考虑总分所间一体化治理水平对所长能力与审计质量之间的调节作用。通过对2017—2022年各个会计师事务所分所所长有签字业务当年该事务所分所审计的全部非金融类A股上市公司样本进行多元回归分析，得出以下主要结论：①分所所长的业务能力越强，审计质量越高，其抑制审计客户盈余管理行为的能力也越强。分所所长的管理能力越强，审计质量也越高，其抑制审计客户盈余管理行为的能力同样更强。此外，会计师事务所一体化治理水平较高，能加强分所所长业务能力和分所所长管理能力对审计质量的有利影响。②在稳健性检验中，首先，对关键变量进行替代测度，以财务报告信息质量作为被解释变量的替代测度，将分所所长的业务能力和管理能力定义为专业前10行业审计专家、注册会计师人数以及分所其他审计师出具的审计报告不存在财务重述的情况的加权复合指标，研究结果表明，这种替代测度仍然能够得出稳健的结论。其次，为了缓解内生性问题，本章进行了 HECKMAN 两阶段检验，并将解释变量置于同一模型中进行回归，结果显示与主测试一致。此外，本章还考虑了改变样本选择标准的影响，例如，改变业务归属问题，均得到了稳健的结论。③在拓展分析中，主要考虑了两个方面：首先，关注了分所客户的重要性水平。研究结果表明，在重要性水平高的样本中，分所所长的业务能力和管理能力与审计质量之间的回归系数均显著。这说明当分所面对审计重要性水平高的客户时，他们更倾向于保持独立性，并更加勤勉、谨慎地进行审计工作，以确保审计质量。其次，考虑了分所所处地区审计市场的竞争程度。研究结果显示，在竞争程度较高的样本中，分所所长的业务能力和管理能力对审计质量的影响更加显著，这表明地区激烈的竞争可以激发分所提高审计质量的动机，以维持稳定的客户来源。

  本章对分所所长能力特征及其经济后果的分析，为审计师、会计师事务所以及中注协等行业监管部门提供了重要的启示，基于本章实证结果和结论，提出以下几点政策建议：①审计师应当持续提升专业技能，强化团队协作与领导能力。其一，审计师应当通过参加专业培训、继续教育课程以及积极参与行业研究等方式，不断提升自己在特定行业或领域的专业知识和技能水平，加强自身的业务能力，以更好地理解客户业务、准确判断审计风险，从而提高审计质量。其二，审计师需要注重团队协作和领导能力的培养，具备良好的沟通、协调和领导能力，能够有效地组织和协调审计团队的工作，提高团队的执行效率和工作质量，从而保障审计工作的顺利进行和质量的提升。其三，审计师要建立严格的职业操守和独立性，始终坚守职业道德准则，保持独立思考和判断，不受外部压力和利益干扰，客观公正地履行审计工作，确保审计质量和审计报告的可信度。②事务所应当注重人才培养，建立绩效激励机制。其一，事务所应重视分所所长的人才培养和发展，特别是对内部晋升的所长，应该更加重视其业务能力和管理能力的综合表现，而非单一指标，给予更多的培训和支持，通过制订个人发展计划、提供专业培训和实践机会等方式，培养和激发分所所长的潜力，提高其专业能力和管理能力。其二，事务所应建立科学合理的绩效激励机制,充分调动分所所长的工作积极性和责任心。通过设立与审计质量相关的绩效指标和奖励制度,激励分所所长不断提升自身能力,提高审计质量,实现个人和组织共同发展。③相关监管部门应当建立能力评估标准,加强培训和发展。其一,监管部门应建立完善的分所所长能力评估标准,包括专业能力和管理能力等方面的指标体系,通过明确评估标准和流程,对分所所长的能力进行客观、全面的评估,为事务所提供指导和支持。其二,监管部门应加强对分所所长的培训和发展支持,提升其专业能力和管理能力,通过组织专业培训、开展管理课程和提供个人发展计划,帮助分所所长不断提升自身能力,从而提高审计质量。

第 4 章

分所客户资源配置与审计质量

第4章 分所客户资源配置与审计质量

4.1 理论分析与假设提出

4.1.1 分所客户业务集中度与审计质量

分所客户业务集中度反映出客户资源是集中在少数几个签字审计师手中,还是分散在大部分签字审计师手中,这体现了签字审计师团队规模的大小。当分所的客户资源配置趋于分散即签字审计团队规模较大时,两个签字审计师可能是首次合作抑或先前少有合作,关于审计过程和审计方法都有自己独特的见解,故双方更可能致力于提高审计质量。此外,将业务资源安排给其他审计师可推动分所合理挖掘人力资源潜力、充分发挥人才优势、有效提高审计师工作积极性和主动性,实现分所高效率审计,同时为客户提供更高质量的审计服务。同理,客户业务集中度越高,越不利于分所审计质量提高,具体推测理由如下:

其一,分所签字审计师的收入主要与自身的业务量挂钩,这种收益分配方法会促使签字审计师在利益的驱动下只为自己谋取客户,从而容易在分所内引发利益分配不均的矛盾,降低其他签字审计师的工作积极性。特别是在特殊普通合伙制的分所中,合伙人和部分审计师会更倾向于采取只让他们承担有限责任的行为,进而不再愿意向其他审计师提供帮助,以避免卷入别人执业的项目。此外,利益分配不均甚至会促使其他签字审计师通过非正当渠道获得收益,这直接会损害分所的审计质量。

其二,借鉴高层梯队理论,如果客户资源集中在少数签字审计师手中,说明分所未对签字审计师团队进行合理的构建,而该团队有限的知识和能力无法为分所的发展提供充足的智力和资源支持。换言之,小规模的签字审计师团队不利于为审计决策提供更多方面的信息判断,对客户公司的风险感知能力也相对较弱,这直接影响分所的战略决策和审计质量。

其三,客户业务越集中,越能在分所内部形成稳定的签字审计师团队,处于同一团队中的成员由于长期在同一环境下工作学习,彼此之间不断地沟通、交流与协作,故而更能针对出具的审计报告达成一致的审计意见,当其中一名签字审计师因与客户公司"合谋"而出具有利于客户的审计报告时,另一相熟签字审计师的容忍程度会有所提高。此外,受利益驱使,该团队内的成员会逐渐形成一个利益共同体,同时和其他审计师之间的联系会因互相帮助、互相监督的弱化而逐渐疏远,这不利于加强审计质量管控。

其四,借鉴注意力分散假说,分所客户业务集中度越高,越会增加签字审计师的工作压力,而长期处于"高压"工作状态下会降低签字审计师的清醒度,分散签字审计师的注意力,故签字审计师容易因头脑混乱增加审计失误的概率。进一步,当签字审计师负责的业务量较多时,需要交由审计助理或实习生来负责现场工作,而审计助理和实习生因缺乏足够的审计经验会不利于审计程序的有效执行,这加大了审计的风险。同时,审计人员因亲临现场比签字审计师更具信息优势,而这些信息优势可能会促使审计人员尽可能地隐瞒自己的私人信息以实现自身利益的最大化,甚至不惜损害审计质量。从理论上来讲,分所客户业务越集中,审计质量就会越低。由此提出假设4-1:

假设4-1:限定其他条件,分所客户业务集中度与审计质量呈负相关关系。

4.1.2 所长客户业务占有率与审计质量

分所所长客户业务占有率,即分所所长负责业务量的大小,这体现出分所所长集权式还是分权式的业务管理。当所长将业务给予其他审计成员审计时,能为所长投入到产生更大创造性价值的事项预留出更多时间,比如,所长可以和所内审计成员保持良好的沟通,及时地掌握成员的工作进

第 4 章 分所客户资源配置与审计质量

度和取得的阶段性成果,从而加强所长对所内成员及业务质量的管控。同理,所长客户业务占有率越高,越不利于审计质量,具体推测理由如下:

其一,所长客户业务占有率越高,越能够增加所长客户资源控制权个人化的概率,进而降低审计质量。通常,会计师事务所大多以拥有的客户资源为主要标准进行利益分配,这也就刺激所长为满足自身经济性需求而尽可能审计更多的业务。而客户业务占有率高可能在一定程度上增进所长与被审计单位管理层之间的亲密关系,而亲密关系所隐匿的信息及特殊信任机制为降低机会主义行为提供便利通道,故能够提高两者间的隐性利益交换和审计合谋的概率。换言之,审计师作为有限理性人会出于经济利益的考量而失去独立性,在审计意见、盈余管理等方面会更好地迎合对方的需求,因而审计师在对客户公司进行审计时,会尽可能地调低被审计单位的重大错报风险水平、缩减审计流程、采取宽松的审计策略,从而降低分所的审计质量。

其二,所长客户业务占有率越高,越能削弱其他审计成员社会公平感知效应,进而降低分所审计质量。根据心理学相关理论,不公平感通常伴随着懈怠、消极、嫉妒、不满等不良情绪,会直接影响人的价值取向和行为方式。参考亚当斯的公平理论,将其他审计成员对自己所获报酬的主观感受设定为 AR、对自己社会付出的主观感受设定为 AG,将其他审计成员对所长所获报酬的主观感受设定为 HR、对所长社会付出的主观感受设定为 HG。

当所长控制大部分业务资源时,其他审计成员就会出现不公平感,即 $AR/AG < HR/HG$。这时,部分审计师可能会通过减少审计投入或者利用不正规的渠道获得更多收益来提高自我的公平感知,比如缩减审计流程、降低质量控制复核力度、放弃对关键审计事项应有的关注度来降低 AG,抑或与客户通过审计意见购买建立"合谋"关系、增加或有收费来提高 AR。降低审计投入增加审计师未能发现错误的可能性和减少发现错误的可能性,而不正当收益来源直接降低审计师识别、评估企业重大错报风险的积极性和主动性,这两者都会影响分所审计质量。

其三，依据委托代理理论，由于合伙人之间也存在代理问题，当业务资源过于集中在所长手中可能会因利益分配不均衡而导致所长和其他合伙人之间产生矛盾，该矛盾会降低其他合伙人对所长负责的审计业务的监督力度，进而不利于分所业务质量的管控。

其四，所长客户业务占有率越高，会导致所长工作压力越大，直接降低审计质量。心理学研究认为，个体工作压力不是由单一因素造成的，而是一系列压力源持续影响的结果，最终会对各种刺激作出生理、心理和行为反应。工作量过大是最主要的压力源，这需要所长在有限的时间内投入十足的精力去完成大量的审计工作，故而所长高客户占有率会降低所长工作的"效能"和"性能"，使所长在集中力、组织能力和细节把控上遭遇困难，从而减慢所长的工作速度，降低所长的工作质量。此外，根据注意力分散假说可知，当所长同时负责多个客户公司的审计工作时，会使其注意力很难统筹分配于每个客户公司，这也就导致所长在审计某一客户公司时，必然降低对另一客户公司的关注程度，对另一客户公司的风险感知也不足，甚至作出错误的职业判断继而损害审计质量。因此，所长客户业务占有率对审计质量会产生负面影响，由此提出假设4-2：

假设4-2：限定其他条件，所长客户业务占有率与审计质量呈负相关关系。

4.1.3 一体化治理水平的调节作用

随着会计师事务所规模的不断扩大和分所数量的不断增多，如何提高会计师事务所一体化治理水平，加强分所审计风险管控是当前亟须解决的问题。首先，会计师事务所一体化强调统一的合伙人业绩考核政策与标准，确保合伙人在统一"利润池"中分配，避免出现分所之间"各自为政"和"分灶吃饭"的现象，这有助于在分所之间树立共同体意识，加强分所之间的合作，保证审计质量。其次，会计师事务所的一体化可有效地减少总分所之间的沟通障碍，将总所的控制理念和执业标准传达至分所，一方面有助于提高分所风险防控意识,另一方面可帮助分所提高执业水平,改善审计质量。最后,一体化治理会尽可能要求会计师事务所针对每个项目都投入充足的资源,合理安排人员负荷,并实施矩阵管理,根据团队专业能力分配项目,这有助于在一定程度上缓解分所业务资源集中配置对审计质量的不利影响。

根据已有研究可以发现,会计师事务所排名的异质性会影响审计质量,具体而言,大规模的会计师事务所基于声誉维护和保持竞争优势的考虑,在执业时会更加谨慎,可能会通过增加审计资源投入以提高审计质量。吴溪(2018)研究发现,良好的内部治理可缓解总分所之间的代理问题,例如,"十大"所不仅具备较为完善的质量控制机制,还特别重视总分所之间的一体化治理水平,一方面实现总所对分所真正的管控,缓解总分所之间的代理问题,同时加深分所对总所的依赖,削弱其纵容客户的可能性。另一方面有利于刺激其归属的分所学习总所规范的审计流程和规章制度,为在审计市场争夺更多的客户资源,采取更加"优质服务"的策略。因此,规模较大的会计师事务所中,分所可能会适当降低业务资源的集中度,以确保分所有足够的人力资源投入到所有的业务中,抑或在不降低业务资源集中度的情况下,提高审计师的独立性,有效避免审计师的机会主义行为。然而,对于规模较小的会计师事务所而言,可能因迎合政策的需要而盲目设立分所,甚至在分所设立之后不加以管理,任由分所自行经营。具体而言,非"十大"所的总分所代理问题相较于"十大"所更为严重,长此以往,分所会更加重视自身利益最大化,损害审计质量。因此,会计师事务所一体化治理水平的提高对于缓解客户业务集中度和所长客户业务占有率对审计质量的不利影响有重要意义,由此提出假设4-3a和假设4-3b:

假设4-3a:限定其他条件,会计师事务所一体化治理水平越高,越能有效缓解分所客户业务集中度对审计质量的不利影响;

假设4-3b:限定其他条件,会计师事务所一体化治理水平越高,越能有效缓解所长客户业务占有率对审计质量的不利影响。

4.2 变量界定与模型构建

4.2.1 变量界定

(1) 审计质量：操纵性应计利润绝对值（$AbsDA$）

借鉴 Defond 和 Zhang（2014）等的研究，以操纵性应计利润绝对值（$AbsDA$）作为衡量审计质量的代理变量。本章根据修正的琼斯模型，见式（4-1）、式（4-2）和式（4-3）计算得出样本的操纵性应计利润。

$$\frac{TA_{i,t}}{A_{i,t-1}} = \alpha_0 \frac{1}{A_{i,t-1}} + \alpha_1 \frac{\Delta SALES_{i,t} - \Delta AR_{i,t}}{A_{i,t-1}} + \alpha_2 \frac{PPE_{i,t}}{A_{i,t-1}} + \varepsilon_{i,t} \quad 式（4-1）$$

$$NDA_{i,t} = \alpha_0 \frac{1}{A_{i,t-1}} + \alpha_1 \frac{\Delta SALES_{i,t} - \Delta AR_{i,t}}{A_{i,t-1}} + \alpha_2 \frac{PPE_{i,t}}{A_{i,t-1}} \quad 式（4-2）$$

$$AbsDA_{i,t} = | \frac{TA_{i,t}}{A_{i,t-1}} - NDA_{i,t} | \quad 式（4-3）$$

在修正的琼斯模型中，$TA_{i,t}$ 为第 i 个样本在第 t 年的总应计利润，$A_{i,t-1}$ 为第 i 个样本在第 t 年期初总资产，$\Delta SALES_{i,t}$ 为第 i 个样本在第 t 年的营业收入相较于上一期的变化值，$\Delta AR_{i,t}$ 为第 i 个样本在第 t 年的应收账款相较于上一期的变化值，$PPE_{i,t}$ 为第 i 个样本在第 t 年固定资产原值。

(2) 分所客户业务集中度：赫芬达尔指数（FMC）

已有文献对于客户集中度的度量主要是以前五大客户的营业收入为基础，计算主要客户的赫芬达尔指数，计算方法为前五大客户营业收入比例的平方和（陈峻，2015）。根据已有经验，本章采用赫芬达尔指数来衡量分所客户业务集中度，计算分所内单个审计师签字业务数量占分所总业务数量的比重的加权平方，该值越大，意味着分所客户资源越集中于少数审计师手中，具体见式（4-4）：

$$FMC_{j,t} = \sum_{j=1}^{S} \left(\frac{\sum_{i=1}^{n} size_{j,i,t}}{\sum_{j=1}^{s} \sum_{i=1}^{n} size_{j,i,t}} \right)^2 \qquad 式（4-4）$$

其中，n 表示审计师 j 第 t 年审计的上市公司数量，S 表示第 t 年分所内签字审计师数量。

（3）所长客户业务占有率：所长签字客户量占分所客户总数量比重（FCS）

所长客户业务占有率主要通过所长签字客户量（HeadSize）除以分所客户总数量（OfficeSize）计算得出，见式（4-5），该比重越高，说明所长客户业务占有率越高，也即所长更倾向于集权式业务管理。

$$FCS_{j,t} = \frac{HeadSize_{i,t}}{OfficeSize_{i,t}} \qquad 式（4-5）$$

（4）控制变量

本章主要选取公司规模、资产负债率、产权性质、是否亏损以及经营活动现金流量等对审计质量有重要影响的指标作为回归模型的控制变量，以控制相关因素对审计质量的影响。具体变量定义及描述如表 4-1 所示。

表 4-1　　　　　　　　　　变量定义表

变量类型	变量名称	变量标识	变量说明
被解释变量	操纵性应计利润	AbsDA	采用修正琼斯模型估算公司的操控性应计利润的绝对值，见前述变量定义
解释变量	分所客户业务集中度	FMC	审计师签字业务数量占分所总业务数量的比重的加权平方，见前述变量定义
解释变量	所长客户业务占有率	FCS	分所所长签字业务量占分所总业务量的比重，见前述变量定义
控制变量	公司规模	Size	年末总资产的自然对数
控制变量	资产负债率	Debt	负债与总资产的比值
控制变量	经营活动现金流量	CF	每股经营活动产生的现金流量净额
控制变量	是否亏损	Loss	上年亏损取值为1，否则为0
控制变量	产权性质	Soe	国企取值为1，否则为0

续表

变量类型	变量名称	变量标识	变量说明
控制变量	总资产报酬率	Roa	净利润与期末总资产的比值
	存货比例	Inv	存货与总资产的比值
	净资产收益率	Roe	净利润与净资产的比值
	有形资产比例	Ppe	固定资产与总资产的比值
	是否"十大"	$Big10$	若事务所综合评价排名前十取1,否则取0
	客户重要性	CI	某客户当年审计费用占事务所当年承接的所有客户审计费用的比重

①公司规模($Size$)。通常而言,上市公司因市场影响重大会受到监管部门及社会公众更多的关注,这时上市公司的财务状况相对较好,公司管理层进行盈余管理的动机也就相对较弱。此外,公司规模越大,注册会计师在进行审计时会保持更加严谨的职业态度,以免备受关注的大规模公司因发生审计失败而给会计师事务所造成严重的声誉损失和诉讼成本。

②资产负债率($Debt$),等于公司当年总负债除以总资产,该值能够反映出公司长期偿债能力。当上市公司的资产负债率较高时,其面临的财务和经营风险相对较高,这时管理层可能会通过操纵盈余来缓解公司的财务和经营风险。

③经营活动现金流量(CF)。经营活动现金流量通常用以衡量公司真实业绩。当公司经营活动现金流量净额越高时,盈余管理的动机越弱。具体而言,公司经营活动的现金流量越充裕,公司真实业绩和经营状况越好,管理层越不可能进行盈余操纵。

④是否亏损($Loss$),该变量为虚拟变量,当上市公司期末净利润为负时,$Loss$取值为1,否则为0。具体而言,当上市公司经营出现亏损时,管理层会极力掩盖该情况以稳定投资者等利益相关者的信任和信心,故而可能会有强烈的动机进行利润操纵。因此,预期该变量的符号为正,即上市公司亏损越严重,越可能进行盈余管理。

⑤产权性质(Soe),该变量为虚拟变量,如果控股股东为国有单位或者国有法人时,Soe取值为1,否则为0。由于国有控股公司与政府有天然

的联系，使其能获得来自政府的特殊支持，故而国有控股公司盈余管理的动机相对较小。

⑥总资产报酬率（Roa），该值是通过净利润除以期末总资产计算出来的。该指标通常用来衡量公司的盈利能力，即该指标值越大，公司盈利能力越强，这时管理层因经营状况良好进行盈余管理的动机会相对较弱。反之，当公司的盈利能力较差时，管理层为满足业绩需求极有可能进行利润操纵。

⑦存货比例（Inv），该值是存货与期末总资产的比值。很多时候，企业会通过增加存货盘盈来虚增利润，从而达到盈余管理的目的。

⑧净资产收益率（Roe），净利率与净资产比值，该变量预期符号为负。

⑨有形资产比例（Ppe），固定资产与总资产比值，同时预期符号为正。

⑩是否"十大"（$Big10$），该变量为虚拟变量，当分所所属事务所是国内前十大事务所时，$Big10$ 取值为 1，否则为 0。相较于非"十大"而言，"十大"所会更加重视声誉机制的建立和维护，会加强对分所的管控以弥补分所风险质控的不足，故对于审计客户的盈余管理行为其容忍程度会相对较低。

⑪客户重要性（CI），借鉴陈波（2013）的研究经验，以某客户当年审计费用占事务所当年承接的所有客户的审计费用的比重来衡量客户的重要性程度。

4.2.2 模型构建

（1）参考已有关于审计质量的研究，本章以操纵性应计利润绝对值为被解释变量构建模型，见式（4-6），用于检验假设 4-1，$Controls$ 表示控制变量组合，此外，还控制年度（$Year$）、行业（Ind）和分所固定效应（$FOffice$）。

$$AbsDA_{i,t} = \beta_0 + \beta_1 FMC_{i,t} + \sum Controls_{i,t} + \sum Ind + \sum Year + \Sigma FOffice + \varepsilon_{i,t} \qquad 式（4-6）$$

（2）为检验分所所长客户业务占有率（FCS）对审计质量的影响，构建模型，见式（4-7），用于检验假设4-2，其他变量含义与式（4-6）相同，不再赘述。

$$AbsDA_{i,t} = \beta_0 + \beta_1 FCS_{i,t} + \sum Controls_{i,t} + \sum Ind + \sum Year + \Sigma FOffice + \varepsilon_{i,t} \qquad 式（4-7）$$

在式（4-6）和式（4-7）中，操纵性应计利润绝对值（AbsDA）作为被解释变量，用来衡量分所样本的审计质量。分所审计质量越高，被审计单位盈余质量越高，其操纵性应计项目的金额越小。

为检验一体化治理水平在分所客户业务集中度和所长客户业务占有率与审计质量之间的调节作用，主要对式（4-6）和式（4-7）进行分组回归，检验FMC和FCS的回归系数在哪组样本下更为显著，其他变量含义与式（4-6）一致。

4.3 实证分析

4.3.1 研究样本与数据来源

本章选取2017—2020年全部A股上市公司作为初始样本。首先，利用国泰安注册会计师数据库识别出每位注册会计师的所属机构，并将其与观测值的签字注册会计师进行匹配，进而将样本区分为：总所独立审计、总所与分所共同审计、分所独立审计以及不同分所共同审计的四类样本。在此基础上，剔除总所独立审计的样本、总所与分所共同审计的样本，并以第一位签字注册会计师所在的分所作为该业务归属分所的认定标准。其次，通过匹配各个分所所长审计的姓名，进一步识别出仅由分所所长审计的业务样本。本章所需的数据主要来源有三：一是中国注册会计师行业协会披露的会计师事务所分所历年注册会计师数据，包括注册会计师名单、个体特征等信息；二是国家企业工商信息查询系统披露的各家会计师事务所分所历年所长及业务数据，包括分所前后任所长姓名、客户名称、客户数量、客户规模等信息；三是国泰安数据库提供的上市公司及其签字审计师数据。上述数据均通过手工收集获得，并就审计师姓名错误、是否重名、是否发生跳槽等情况做了进一步检查和修正。

样本的具体筛选过程如下：首先，识别出 2017—2020 年全部 A 股上市公司年度样本观测值，共计 13409 个，通过对观测值财务报告审计机构的识别、匹配，筛选出由会计师事务所分所独立进行审计以及不同分所共同审计的样本，共计 6739 个观测值；其次，依据惯例，删除上一年度客户业务量少于 3 的分所样本，共计 713 个观测值；再次，对筛选出的分所审计的观测值进行进一步清理，剔除金融业、ST 类公司及控制变量中数据缺失的观测值，共计 227 个；最后，得到 2017—2020 年共 5799 个年度 - 公司样本观测值，并以此作为本章的样本基础。此外，为了缓解研究模型中变量极端值的干扰，对所有连续变量进行首尾 1% 分位的 WINSORIZE 处理。

4.3.2 描述性统计分析

表 4 - 2 报告了主要变量的描述性统计结果。结果显示，操纵性应计利润绝对值（$AbsDA$）的均值为 0.059，标准差为 0.073，中位数为 0.039，说明样本公司业绩调整的操纵性应计利润绝对值分布合理。分所客户业务集中度（FMC）的均值为 0.110，标准差为 0.091，这表明分所平均的客户业务集中度在 11% 左右；所长客户业务占有率（FCS）的均值为 0.278，标准差为 0.267，这表明分所所长平均的业务占有率在 27.8% 左右。此外，

客户公司资产自然对数（$Size$）的均值为22.367，负债比率（$Debt$）的均值为0.437，经营活动现金流量（CF）的均值为0.545，与已有文献的研究结果基本吻合，其他控制变量分布也基本一致。

表4-2　　　　　　　　　描述性统计结果

变量	样本量	均值	标准差	下四分位数	中位数	上四分位数	最小值	最大值
$AbsDA$	5799	0.059	0.073	0.017	0.039	0.074	0.000	1.790
FMC	5799	0.110	0.091	0.043	0.080	0.148	0.015	0.510
FCS	5799	0.278	0.267	0.053	0.200	0.417	0.000	1.000
$Size$	5799	22.367	1.367	21.432	22.180	23.083	17.954	28.636
$Debt$	5799	0.437	0.208	0.281	0.430	0.579	0.010	2.123
CF	5799	0.545	1.101	0.075	0.349	0.817	-15.301	16.639
$Loss$	5799	0.124	0.329	0.000	0.000	0.000	0.000	1.000
Soe	5799	0.324	0.468	0.000	0.000	1.000	0.000	1.000
Roa	5799	0.024	0.111	0.012	0.034	0.064	-1.856	0.786
Inv	5799	0.411	0.675	0.101	0.181	0.318	0.000	4.853
Roe	5799	-0.031	1.489	0.025	0.066	0.110	-66.535	2.324
Ppe	5799	0.913	0.102	0.894	0.949	0.976	0.189	1.000
$Big10$	5799	0.550	0.498	0.000	1.000	1.000	0.000	1.000
CI	5799	0.091	0.156	0.006	0.025	0.095	0.000	0.995

4.3.3　相关性分析

表4-3为主要变量的Pearson相关性检验的结果，结果显示，操纵性应计利润绝对值（$AbsDA$）与分所客户业务集中度（FMC）以及所长客户业务占有率（FCS）的相关系数均在1%的水平上显著且为正。此外，所有变量之间的相关系数均小于0.8，说明不存在多重共线性问题。

第4章 分所客户资源配置与审计质量

表 4-3 相关性分析

	AbsDA	FMC	FCS	Size	Debt	CF	Loss	Soe	Roa	Inv	Roe	Ppe	Big10	CI
AbsDA	1													
FMC	0.039***	1												
FCS	0.041***	0.774***	1											
Size	−0.097***	0.032**	0.010	1										
Debt	0.103***	0.055***	0.039***	0.494***	1									
CF	−0.175***	−0.017	−0.019	0.236***	0.033**	1								
Loss	0.283***	0.047***	0.030**	−0.098***	0.186***	−0.149***	1							
Soe	−0.083***	0.072***	0.064***	0.360***	0.208***	0.052***	−0.065***	1						
Roa	−0.392***	−0.053***	−0.030**	0.054***	−0.304***	0.205***	−0.621***	0.11	1					
Inv	0.088***	−0.012	0.005	0.050***	0.092***	−0.063***	0.065***	0.002	−0.043***	1				
Roe	−0.160***	−0.024*	−0.015	0.012	−0.144***	0.0478***	−0.212***	0.006	0.345***	−0.041***	1			
Ppe	0.006	0.007	−0.007	−0.002	0.074***	0.011	−0.052***	0.129***	0.056***	0.054***	0.017	1		
Big10	−0.026***	−0.234***	−0.157***	0.099***	−0.014	0.071***	−0.092***	0.040***	0.078***	−0.014	0.035***	0.025*	1	
CI	−0.034***	0.517***	0.367***	0.484***	0.293***	0.110***	−0.005	0.175***	−0.018	0.034**	−0.029**	0.033**	−0.183***	1

注：***、**和*分别表示在1%、5%和10%的水平上显著。

4.3.4 多元回归分析

(1) 分所客户业务集中度与审计质量

表4-4报告了分所客户业务集中度对审计质量的影响结果。具体而言，列（1）报告了在未控制其他变量的情况下，以操纵性应计利润绝对值（AbsDA）作为审计质量度量指标的回归结果，结果显示，分所客户业务集中度（FMC）的回归系数在1%的水平上显著为正。列（2）在进一步纳入控制变量之后，报告了以操纵性应计利润绝对值（AbsDA）作为审计质量度量指标的回归结果，分所客户业务集中度（FMC）的回归系数同样在1%的水平上显著为正。这表明分所客户业务集中度越高，其审计客户的盈余管理动机越强。综上所述，检验结果支持了本章假设4-1。其可能的原因在于：当分所业务集中在少数签字审计师手中时，一方面，签字审计师与被审计单位之间可能存在"亲密"关系，从而提高被审计单位盈余管理的动机；另一方面，业务的高度集中使签字审计师面临较大的业务压力和工作负荷，导致其未能识别被审计单位的盈余管理行为，从而增加被审计单位进一步操纵利润的可能性，对分所审计质量产生不利影响。

表4-4　　　　　　分所客户业务集中度与审计质量

变量名称	(1) AbsDA	(2) AbsDA
FMC	0.030 *** (2.878)	0.044 *** (3.403)
Size		-0.002 ** (-2.425)
Debt		0.007 (1.180)
CF		-0.004 *** (-5.251)

续表

变量名称	(1) AbsDA	(2) AbsDA
Loss		0.011***
		(3.308)
Soe		-0.009***
		(-4.184)
Roa		-0.216***
		(-17.969)
Inv		0.001***
		(4.186)
Roe		-0.002***
		(-2.781)
Ppe		0.018**
		(2.013)
Big10		-0.017
		(-1.219)
CI		-0.017**
		(-2.071)
Cons	0.055***	0.079***
	(37.338)	(2.887)
Year/Ind/FOffice	Yes	Yes
Adj_R^2	0.001	0.182
N	5799	5799

注：括号内为 t 值，***、**和*分别表示在1%、5%和10%的水平上显著。

在控制变量方面，公司规模（Size）的回归系数显著为负，这表明规模越大的公司可能越不会进行利润操纵。此外，经营活动现金流量（CF）、产权性质（Soe）、总资产报酬率（Roa）和净资产收益率（Roe）等回归系数也显著为负，这说明现金流量情况越好、性质为国企且盈利能力越强的公司，其盈余管理水平越低，该结论与现有的研究结论基本一致。

(2) 所长客户业务占有率与审计质量

表 4-5 报告了所长客户业务占有率对审计质量的影响结果。具体而言，列（1）报告了在未加入控制变量的情况下，以操纵性应计利润绝对值（AbsDA）作为审计质量度量指标的回归结果，所长客户业务占有率（FCS）的回归系数在 1% 的水平上显著为正；列（2）在进一步加入控制变量之后，汇报了以操纵性应计利润绝对值（AbsDA）作为审计质量度量指标的回归结果，所长客户业务占有率（FCS）的回归系数也在 1% 的水平上显著为正，说明所长业务占有率越高，分所审计的客户盈余管理动机越强。上述检验结果支持了本章假设 4-2。其可能的解释是：所长负责的业务量越多，其与被审计单位管理层接触的机会也随之增加，这种密切的互动可能导致所长与被审计单位之间形成隐性利益交换关系，从而提高审计合谋的概率。随着双方关系的强化，所长甚至有意缩减审计流程以主动迎合被审单位隐匿其盈余管理行为，对审计质量造成负面影响。

表 4-5　　　　　　　所长客户业务占有率与审计质量

变量名称	(1) AbsDA	(2) AbsDA
FCS	0.010*** (2.955)	0.013*** (3.239)
Size		-0.003*** (-2.762)
Debt		0.007 (1.198)
CF		-0.004*** (-5.297)
Loss		0.012*** (3.314)
Soe		-0.009*** (-4.164)
Roa		-0.216*** (-18.016)

续表

变量名称	(1) AbsDA	(2) AbsDA
Inv		0.001***
		(4.168)
Roe		−0.002***
		(−2.769)
Ppe		0.018**
		(2.028)
Big10		−0.015
		(−1.072)
CI		−0.011
		(−1.481)
Cons	0.056***	0.090***
	(40.845)	(3.368)
Year/Ind/FOffice	Yes	Yes
Adj_R^2	0.001	0.182
N	5799	5799

注：括号内为 t 值，***、**和*分别表示在1%、5%和10%的水平上显著。

在控制变量方面，公司规模（Size）、经营活动现金流量（CF）、产权性质（Soe）、总资产报酬率（Roa）和净资产收益率（Roe）等回归系数也显著为负，这说明规模越大、现金流量情况越好、性质为国企且盈利能力越强的公司，其盈余管理水平越低，上述结果与现有的研究结论基本一致。

（3）一体化治理水平的调节效应

如果总所与分所之间未贯彻执行一体化管理制度，容易造成双方出现信息不对称等问题，这时总所与分所间的沟通往往流于形式，且总所对分所难以实现统一有序的管理。长此以往，分所会逐渐将实现自身利益最大化作为其发展目标，导致分所逐渐放松对审计各个环节的风险把控，最终降低分所审计质量、增加分所名誉受损的风险。而当会计师事务所为国内"十大"所时，因其总所会更加重视声誉机制的建设，会进一步提高总分所之间的一体化治理水平，使分所的审计质量得以改善。为检验假设 4-3a 和假设 4-3b，考察会计师事务所一体化治理水平如何影响分所客户业务集中度和所长客户业务占有率与分所审计质量之间的关系，本章根据观测值所归属的会计师事务所，进一步将全部观测值划分为"一体化治理水平低"组和"一体化治理水平高"组，其中"一体化治理水平低"组内有 3757 个样本，"一体化治理水平高"组内有 2042 个样本，然后将这些样本代入式（4-6）和式（4-7）中进行分组回归。

表 4-6 列示了"一体化治理水平低"组和"一体化治理水平高"组样本回归的结果，其中第（1）列和第（3）列为"一体化治理水平低"样本回归结果，第（2）列和第（4）列为"一体化治理水平高"组样本的回归结果。回归结果显示，在"一体化治理水平低"组中，分所客户业务集中度（FMC）和所长客户业务占有率（FCS）回归系数均在 1% 的水平上显著为正，说明在总分所一体化治理水平较低的样本中，分所客户业务集中度（FMC）和所长客户业务占有率（FCS）越大，操纵性应计利润绝对值也随之增加，故而审计质量会越差。相较之下，在"一体化治理水平高"组中，分所客户业务集中度（FMC）和所长客户业务占有率（FCS）的回归系数均不显著，这表明在"一体化治理水平高"的样本中，分所客户业务集中度（FMC）和所长客户业务占有率（FCS）对被审计单位的操纵性应计利润水平的影响较弱。究其原因，是因为国内前"十大"会计师事务所总分所之间一体化治理水平较高，所内各方面管控较为规范和严格。此外，大型事务所有更加强烈的动机去维护自身的声誉，因而总所对分所的一体化治理能够有效削弱分所客户业务集中度和所长客户业务占有率对审计质量的不利影响。综上分析，该分组回归结果支持本章的假设 4-3a 和假设 4-3b。

表4-6　一体化治理水平的调节作用

变量名称	（1） AbsDA 一体化治理水平低	（2） AbsDA 一体化治理水平高	（3） AbsDA 一体化治理水平低	（4） AbsDA 一体化治理水平高
FMC	0.012*** (4.241)	0.002 (0.522)		
FCS			0.018*** (3.682)	0.006 (0.817)
Size	-0.003** (-2.276)	-0.000 (-0.156)	-0.003** (-2.553)	-0.000 (-0.140)
Debt	0.018*** (2.673)	-0.024** (-2.459)	0.019*** (2.710)	-0.024** (-2.468)
CF	-0.008*** (-6.969)	-0.000 (-0.347)	-0.008*** (-6.917)	-0.000 (-0.361)
Loss	0.018*** (4.327)	-0.005 (-0.757)	0.018*** (4.359)	-0.005 (-0.756)
Soe	-0.009*** (-3.370)	-0.009*** (-2.668)	-0.008*** (-3.225)	-0.009*** (-2.609)
Roa	-0.173*** (-12.360)	-0.210*** (-8.183)	-0.173*** (-12.317)	-0.210*** (-8.199)
Inv	0.001*** (3.861)	0.001 (0.278)	0.001*** (3.861)	0.001 (0.293)
Roe	-0.001* (-1.647)	-0.043*** (-10.294)	-0.001 (-1.630)	-0.043*** (-10.299)
Ppe	0.022* (1.875)	0.009 (0.615)	0.021* (1.844)	0.009 (0.614)
CI	-0.018* (-1.907)	-0.006 (-0.445)	-0.012 (-1.340)	-0.007 (-0.510)
Cons	0.078** (2.330)	0.073* (1.742)	0.091*** (2.750)	0.072* (1.737)
Year/Ind/FOffice	Yes	Yes	Yes	Yes
Adj_R^2	0.184	0.249	0.183	0.249
N	3757	2042	3757	2042

注：括号内为t值，***、**和*分别表示在1%、5%和10%的水平上显著。

4.4 稳健性分析

4.4.1 关键变量的替代测度

(1) 被解释变量的替代测度

由于审计质量难以直接观测和量化，国内外学者普遍以审计意见、事务所规模、审计费用和可操纵性应计利润作为审计质量的替代变量。本章将审计意见和审计费用作为审计质量的替代变量进行稳健性检验。首先，借鉴 Chen 等（2010）、余玉苗等（2013）研究经验，以签字审计师发表的审计意见（MAO）来衡量审计质量，并且当上市公司年报获得的审计意见为非标审计意见时，MAO 取值为 1，否则为 0。其次，借鉴 Lin 等（2015）关于审计费用的研究，主要通过审计费用的对数形式来衡量。当分所对被审计单位收取的审计费用更高时，表明分所会投入更多审计资源、拓展审计流程以减少审计失败的风险，因此分所独立性会更高且审计质量更优。

表 4-7 列示了替换被解释变量后的回归结果，其中，列（1）和列（2）是以审计意见（MAO）作为审计质量的替代测度的全样本回归结果。该结果显示，分所客户业务集中度（FMC）和所长客户业务占有率（FCS）的回归系数在 5% 的水平上显著为负，表明分所客户业务集中度和所长客户业务占有率越高，越会降低分所出具非标审计意见的概率，进而损害审计质量。列（3）和列（4）是根据一体化治理水平分组后分所客户业务集中度（FMC）的回归结果，该结果显示，在"一体化治理水平低"组中，分所客户业务集中度（FMC）的回归系数在 10% 的水平上显著为负，而在"一体化治理水平高"组中，分所客户业务集中度（FMC）的回归系数不显著。这说明一体化治理水平较高可以有效地缓解业务集中对审

计质量的不利影响。列（5）和列（6）则是根据一体化治理水平分组后所长客户业务占有率（FCS）的回归结果，该结果显示，在"一体化治理水平低"组中，所长客户业务占有率（FCS）的回归系数在10%的水平上显著为负，而在"一体化治理水平高"组中，所长客户业务占有率（FCS）的回归系数不显著，这说明一体化治理水平较高可以有效地缓解所长集权式业务管理对审计质量的不利影响。综上分析，当分所客户业务集中度和所长客户业务占有率越高时，签字审计师因与客户公司建立的"私人"关系而降低重要性水平，进而较少出具非标审计意见。此外，在一体化治理水平高的分所中，审计师因更倾向于保持自身独立性，故在审计过程中会尽可能采取谨慎的工作态度，从而提高非标审计意见出具的概率。上述结果均与前文的结论保持一致。

表4-7   被解释变量的替代测度：审计意见

变量名称	(1) MAO 全样本	(2) MAO 全样本	(3) MAO 一体化治理水平低	(4) MAO 一体化治理水平高	(5) MAO 一体化治理水平低	(6) MAO 一体化治理水平高
FMC	-0.074** (-2.016)		-0081* (-1.673)	-0.032 (-0.591)		
FCS		-0.021** (-1.788)			-0.028* (-1.808)	0.007 (0.410)
$Size$	-0.004 (-1.545)	-0.005* (-1.770)	-0.004 (-1.100)	-0.003 (-0.747)	-0.005 (-1.422)	-0.003 (-0.648)
$Debt$	0.086*** (5.405)	0.086*** (5.415)	0.083*** (4.026)	0.078*** (3.320)	0.084*** (4.049)	0.078*** (3.284)
CF	0.001 (0.597)	0.001 (0.581)	0.000 (0.095)	0.003 (0.864)	0.000 (0.075)	0.003 (0.840)
$Loss$	0.077*** (7.878)	0.077*** (7.879)	0.090*** (7.327)	0.043*** (2.766)	0.091*** (7.342)	0.043*** (2.774)
Soe	-0.041*** (-6.898)	-0.041*** (-6.888)	-0.045*** (-5.644)	-0.027*** (-3.143)	-0.045*** (-5.626)	-0.027*** (-3.175)

续表

变量名称	(1) MAO 全样本	(2) MAO 全样本	(3) MAO 一体化治理水平低	(4) MAO 一体化治理水平高	(5) MAO 一体化治理水平低	(6) MAO 一体化治理水平高
Roa	-0.375*** (-11.123)	-0.376*** (-11.153)	-0.323*** (-7.653)	-0.333*** (-5.261)	-0.324*** (-7.678)	-0.332*** (-5.249)
Inv	0.003*** (3.200)	0.003*** (3.188)	0.003*** (2.813)	0.006 (0.979)	0.003*** (2.795)	0.006 (0.995)
Roe	-0.015*** (-8.648)	-0.015*** (-8.641)	-0.014*** (-7.475)	-0.075*** (-7.267)	-0.014*** (-7.461)	-0.075*** (-7.287)
Ppe	0.017 (0.658)	0.017 (0.668)	-0.028 (-0.821)	0.054 (1.528)	-0.029 (-0.848)	0.054 (1.529)
$Big10$	0.018 (0.402)	0.011 (0.251)				
CI	-0.018 (-0.767)	-0.007 (-0.328)	-0.015 (-0.500)	-0.017 (-0.482)	0.003 (0.097)	-0.021 (-0.668)
$Cons$	0.118 (1.539)	0.138* (1.842)	0.171* (1.661)	0.073 (0.715)	0.226* (1.794)	0.144 (1.606)
Year/Ind/FOffice	Yes	Yes	Yes	Yes	Yes	Yes
Adj_R^2	0.184	0.183	0.198	0.177	0.197	0.178
N	5799	5799	3757	2042	3757	2042

注：括号内为 t 值，***、** 和 * 分别表示在1%、5%和10%的水平上显著。

表4-8列示了相关回归结果，其中，列（1）和列（2）是以审计费用（$LnFee$）作为审计质量的替代测度的全样本回归结果，该结果显示，分所客户业务集中度（FMC）和所长客户业务占有率（FCS）的回归系数在1%的水平上显著为负，表明分所客户业务集中度和所长客户业务占有率越高，越能降低审计费用、减少审计投入，进而对审计质量造成不利影响。列（3）和列（4）是根据一体化治理水平分组后分所客户业务集中度（FMC）的回归结果，该结果显示，在"一体化治理水平低"组中，分所

客户业务集中度（FMC）的回归系数在1%的水平上显著为负，而在"一体化治理水平高"组中，分所客户业务集中度（FMC）的回归系数不显著，这说明一体化治理水平较高可以有效地缓解业务集中对审计质量的不利影响。列（5）和列（6）则是根据一体化治理水平分组后所长客户业务占有率（FCS）的回归结果，该结果显示，在"一体化治理水平低"组中，所长客户业务占有率（FCS）的回归系数在1%的水平上显著为负，而在"一体化治理水平高"组中，所长客户业务占有率（FCS）的回归系数不显著，这说明一体化治理水平较高可以有效地削弱所长集权式业务管理对审计质量的不利影响。综上分析，当分所客户业务集中度和所长客户业务占有率越高时，部分签字审计师会因业务量过多抑或频繁与客户公司来往而提高对被审计单位管理层的信任，进而放松风险防控，降低审计收费，同时损害审计质量。此外，对于一体化治理水平高的分所，因其更重视审计风险防控会增加审计资源的投入，最终提高审计收费。上述结果均与前文的结论保持一致，说明结论稳健。

表4-8　　　　　　　被解释变量的替代测度：审计费用

变量名称	(1) LnFee 全样本	(2) LnFee 全样本	(3) LnFee 一体化治理水平低	(4) LnFee 一体化治理水平高	(5) LnFee 一体化治理水平低	(6) LnFee 一体化治理水平高
FMC	-0.280*** (-3.504)		-0.065*** (-3.777)	-0.001 (-0.029)		
FCS		-0.106*** (-4.293)			-0.065*** (-4.365)	-0.037 (-1.626)
Size	0.360*** (57.097)	0.361*** (58.177)	0.321*** (43.033)	0.429*** (39.868)	0.321*** (43.013)	0.428*** (40.016)
Debt	0.134*** (3.870)	0.133*** (3.847)	0.170*** (4.240)	0.066 (1.019)	0.167*** (4.158)	0.070 (1.082)
CF	0.004 (0.761)	0.004 (0.785)	0.011* (1.734)	-0.012 (-1.471)	0.011* (1.731)	-0.012 (-1.420)

续表

变量名称	(1) LnFee 全样本	(2) LnFee 全样本	(3) LnFee 一体化治理水平低	(4) LnFee 一体化治理水平高	(5) LnFee 一体化治理水平低	(6) LnFee 一体化治理水平高
Loss	0.057*** (2.679)	0.057*** (2.666)	0.046* (1.922)	0.107** (2.557)	0.047* (1.958)	0.105** (2.509)
Soe	−0.188*** (−14.550)	−0.187*** (−14.542)	−0.171*** (−11.125)	−0.208*** (−9.102)	−0.171*** (−11.108)	−0.208*** (−8.980)
Roa	−0.631*** (−8.597)	−0.628*** (−8.560)	−0.607*** (−7.416)	−0.561*** (−3.280)	−0.605*** (−7.395)	−0.571*** (−3.346)
Inv	−0.003 (−1.588)	−0.003 (−1.576)	−0.001 (−0.661)	−0.070*** (−4.185)	−0.001 (−0.656)	−0.071*** (−4.221)
Roe	0.005 (1.371)	0.005 (1.362)	0.005 (1.430)	−0.027 (−0.971)	0.005 (1.365)	−0.027 (−0.965)
Ppe	−0.620*** (−11.187)	−0.622*** (−11.236)	−0.854*** (−12.741)	−0.205** (−2.138)	−0.856*** (−12.772)	−0.204** (−2.132)
Big10	0.674*** (7.860)	0.688*** (8.033)				
CI	0.089* (1.738)	0.110** (2.369)	−0.065 (−1.226)	−0.202** (−2.458)	−0.066 (−1.257)	−0.182** (−2.266)
Cons	6.394*** (37.931)	6.353*** (38.661)	7.384*** (38.257)	5.199*** (18.521)	7.372*** (38.493)	5.245*** (18.970)
Year/Ind/FOffice	Yes	Yes	Yes	Yes	Yes	Yes
Adj_R^2	0.645	0.645	0.543	0.739	0.543	0.740
N	5779	5779	3757	2042	3757	2042

注：括号内为 t 值，***、**和*分别表示在1%、5%和10%的水平上显著。

（2）解释变量的替代测度

针对分所客户业务集中度（FMC）和所长客户业务占有率（FCS）替代测度，本章采用虚拟变量的方法进行处理。具体而言，若分所客户业务集中度（FMC）和所长客户业务占有率（FCS）的值大于其各自的中位数时，分别将虚拟变量 FFMC 和 FFCS 分别赋值为 1，否则，赋值为 0。回归结果如表 4-9 的列（1）和列（2）所示，分所客户业务集中度（FFMC）和所长客户业务占有率（FFCS）的回归系数分别在 5% 和 1% 的水平上显著为正，说明结论依旧稳健。

表 4-9　　解释变量的替代测度

变量名称	(1) AbsDA	(2) AbsDA
FFMC	0.005** (2.174)	
FFCS		0.007*** (3.094)
Size	-0.003*** (-2.920)	-0.003*** (-2.869)
Debt	0.007 (1.189)	0.007 (1.183)
CF	-0.004*** (-5.316)	-0.005*** (-5.355)
Loss	0.011*** (3.292)	0.011*** (3.311)
Soe	-0.009*** (-4.081)	-0.009*** (-4.176)
Roa	-0.216*** (-18.013)	-0.216*** (-18.025)
Inv	0.001*** (4.155)	0.001*** (4.142)
Roe	-0.002*** (-2.791)	-0.002*** (-2.774)
Ppe	0.018* (1.948)	0.018** (2.013)
Big10	-0.009 (-1.161)	-0.007 (-0.453)

续表

变量名称	(1) AbsDA	(2) AbsDA
CI	-0.012 (-1.530)	-0.009 (-1.252)
Cons	0.094*** (3.490)	0.094*** (3.533)
Year/Ind/FOffice	Yes	Yes
Adj_R^2	0.181	0.181
N	5799	5799

注：括号内为 t 值，***、** 和 * 分别表示在1%、5%和10%的水平上显著。

4.4.2 考虑潜在的内生性问题

（1）HECKMAN 两阶段

为缓解潜在内生性问题，本章构建了 HECKMAN 两阶段模型。在第一阶段，分别以分所客户业务集中度（FMC）和所长客户业务占有率（FCS）作为解释变量构建模型，除式（4-6）和式（4-7）的控制变量外，还进一步纳入签字审计师管理风格（Style）这一控制变量，审计师管理风格不仅在一定程度上影响签字审计师对业务资源的控制力度，而且会直接影响审计质量。该变量通过签字审计师审计业务是否发生过财务重述以及发生财务重述的次数进行衡量，当财务重述的次数高于全部样本的中位数时，则说明该签字审计师倾向于激进式管理风格。在第一阶段的Probit回归估计中，分别计算出逆米尔斯比率 IMR1 和 IMR2，然后将二者代入式（4-6）和式（4-7）中进行第二阶段回归。

表4-10列（1）和列（2）展示了 HECKMAN 第一阶段的回归结果，结果显示：签字审计师管理风格（Style）能显著影响分所客户业务集中度（FMC）和所长客户业务占有率（FCS）。第（3）列和第（4）列结果显示：以操纵性应计利润的绝对值（AbsDA）作为被解释变量，分所客户业

务集中度（FMC）和所长客户业务占有率（FCS）的回归系数均在1%的水平上显著为正。综上所述，分所客户业务集中度（FMC）和所长客户业务占有率（FCS）较高能够显著地提高被审计单位管理层的盈余管理行为，进而降低审计质量，研究结论依然稳健。

表4-10　　　　　　　　HECKMAN两阶段

变量名称	(1) FMC	(2) FCS	(3) AbsDA	(4) AbsDA
FMC			0.043*** (3.226)	
FCS				0.012*** (2.889)
IMR1			-0.051*** (-2.781)	
IMR2				-0.052*** (-2.828)
Style	0.016** (2.110)	0.015* (1.826)		
Size	-1.051*** (26.670)	-1.051*** (26.666)	-0.002** (-2.376)	-0.003*** (-2.722)
Debt	0.171 (0.977)	0.175 (0.999)	0.010 (1.495)	0.010 (1.504)
CF	-0.047** (1.965)	-0.048** (1.993)	-0.006*** (-5.563)	-0.006*** (-5.622)
Loss	0.074 (0.747)	0.079 (0.796)	0.019*** (4.168)	0.019*** (4.201)
Soe	-0.265*** (-4.086)	-0.265*** (-4.081)	-0.010*** (-4.296)	-0.010*** (-4.293)
Roa	-0.248 (-0.733)	-0.256 (-0.757)	-0.217*** (-18.656)	-0.218*** (-18.668)
Inv	0.001 (0.081)	0.001 (0.083)	0.001*** (3.932)	0.001*** (3.919)

续表

变量名称	(1) FMC	(2) FCS	(3) AbsDA	(4) AbsDA
Roe	-0.005 (-1.211)	-0.005 (-1.224)	-0.002** (-2.491)	-0.002** (-2.454)
Ppe	0.009 (0.794)	0.009 (0.778)	0.014 (1.451)	0.014 (1.465)
$Big10$	-2.799 (-0.016)	-2.792 (-0.016)	0.006 (0.481)	0.010 (0.808)
CI	-14.294*** (-22.337)	-14.278*** (-22.319)	-0.004 (-0.430)	0.002 (0.276)
$Cons$	0.091*** (3.523)	0.102*** (4.075)	22.696 (0.132)	22.696 (0.132)
$Year/Ind/FOffice$	Yes	Yes	Yes	Yes
Adj_R^2	NO	NO	0.191	0.191
N	5799	5799	5799	5799

注：括号内为 t 值，***、**和*分别表示在1%、5%和10%的水平上显著。

（2）影响因素的整合考虑

在上述主回归中，分所客户业务集中度（FMC）和所长客户业务占有率（FCS）分别被纳入式（4-6）和式（4-7）中进行独立回归。为缓解由于变量遗漏、反向因果等因素可能导致的潜在内生性问题，此处将分所客户业务集中度（FMC）和所长客户业务占有率（FCS）这两个主要解释变量同时放在同一模型中进行回归，结果如表4-11所示，分所客户业务集中度（FMC）和所长客户业务占有率（FCS）均在5%的水平上显著为正，进一步说明了本章的结论稳健。

表4-11   同一模型回归结果

变量名称	(1) AbsDA	(2) AbsDA
FMC	0.025** (1.976)	0.029** (2.350)

续表

变量名称	(1) AbsDA	(2) AbsDA
FCS	0.009** (1.885)	0.011** (2.178)
Size		-0.002** (-2.428)
Debt		0.007 (1.188)
CF		-0.004*** (-5.252)
Loss		0.012*** (3.314)
Soe		-0.216*** (-17.982)
Roa		-0.009*** (-4.200)
Inv		0.001*** (4.184)
Roe		-0.002*** (-2.778)
Ppe		0.018** (2.036)
Big10		0.016 (1.156)
CI		-0.017** (-2.027)
Cons	0.055*** (36.323)	0.080*** (2.915)
Year/Ind/FOffice	Yes	Yes
Adj_R^2	0.001	0.182
N	5799	5799

注：括号内为 t 值，***、**和*分别表示在1%、5%和10%的水平上显著。

4.4.3 改变样本选择标准

(1) 业务归属问题

在主回归分析中,业务归属问题的处理主要基于年报中两位签字审计师分别来自同一分所和不同分所的样本,并以第一名签字审计师所在的分所作为选取样本的依据。然而,为更准确地判断实际业务归属,使研究更为精准、严谨,此处采用更加严格的选择标准。参考 Yao 和 Xue (2019) 研究经验,仅保留两位签字审计师均来自同一分所的样本,并重新进行回归检验。回归结果如表4-12 的列(1)和列(2)所示,分所客户业务集中度(FMC)和所长客户业务占有率(FCS)的回归系数依旧在1%的水平上显著为正,与前文研究结论保持一致。

表4-12 改变样本选择标准:业务归属问题

变量名称	(1) AbsDA	(2) AbsDA
FMC	0.045 *** (3.102)	
FCS		0.014 *** (3.037)
Size	-0.003 *** (-2.678)	-0.003 *** (-2.983)
Debt	0.009 (1.410)	0.009 (1.442)
CF	-0.004 *** (-4.832)	-0.004 *** (-4.835)
Loss	0.011 *** (2.808)	0.011 *** (2.800)
Soe	-0.009 *** (-4.055)	-0.009 *** (-4.044)

续表

变量名称	(1) AbsDA	(2) AbsDA
Roa	-0.210***	-0.211***
	(-15.603)	(-15.678)
Inv	0.001***	0.001***
	(3.794)	(3.785)
Roe	-0.002***	-0.002***
	(-3.189)	(-3.183)
Ppe	0.012	0.012
	(1.259)	(1.259)
$Big10$	-0.003	-0.009
	(-0.162)	(-0.457)
CI	-0.012	-0.007
	(-1.319)	(-0.756)
$Cons$	0.095***	0.108***
	(3.069)	(3.559)
$Year/Ind/FOffice$	Yes	Yes
Adj_R^2	0.172	0.171
N	5117	5117

注：括号内为 t 值，***、** 和 * 分别表示在1%、5%和10%的水平上显著。

(2) 业务量阈值问题

在主回归中，剔除了分所上一年度客户业务量低于3的样本，之所以选取该阈值，是因为业务量低于3的分所缺乏足够的代表性。在此基础上，为使结果更加稳健，此处进一步剔除了业务量低于5的样本，以及按业务量排序低于25%的样本，并重新进行回归。结果如表4-13所示，其中，列(1)和列(2)为剔除业务量低于5之后样本的回归结果，列(3)和列(4)为剔除业务量排序低于25%之后样本的回归结果，结论依旧稳健。

表 4–13　　　改变样本选择标准：业务量阈值问题

变量名称	(1) AbsDA	(2) AbsDA	(3) AbsDA	(4) AbsDA
FMC	0.054*** (3.246)		0.051*** (2.415)	
FCS		0.015*** (3.170)		0.014*** (2.450)
$Size$	-0.002** (-2.006)	-0.002** (-2.175)	-0.001 (-1.231)	-0.002 (-1.266)
$Debt$	0.007 (1.141)	0.007 (1.162)	0.005 (0.728)	0.005 (0.725)
CF	-0.005*** (-5.331)	-0.005*** (-5.388)	-0.005*** (-5.386)	-0.005*** (-5.401)
$Loss$	0.011*** (2.923)	0.011*** (2.954)	0.010*** (2.543)	0.010*** (2.573)
Soe	-0.009*** (-3.908)	-0.009*** (-3.947)	-0.009*** (-3.887)	-0.009*** (-3.935)
Roa	-0.219*** (-16.906)	-0.219*** (-16.904)	-0.219*** (-15.181)	-0.218*** (-15.157)
Inv	0.001*** (3.576)	0.001*** (3.567)	0.001*** (3.289)	0.001*** (3.292)
Roe	-0.002*** (-3.105)	-0.002*** (-3.111)	-0.003*** (-3.302)	-0.003*** (-3.311)
Ppe	0.019** (2.016)	0.019** (2.006)	0.028*** (2.673)	0.028*** (2.681)
$Big10$	0.046** (2.070)	0.041* (1.844)	0.015 (1.197)	0.013 (1.092)
CI	-0.014 (-1.280)	-0.010 (-0.967)	-0.022 (-1.485)	-0.021 (-1.398)
$Cons$	0.067** (2.120)	0.078** (2.517)	0.059* (1.971)	0.063** (2.117)
Year/Ind/FOffice	Yes	Yes	Yes	Yes
Adj_R^2	0.180	0.180	0.175	0.175
N	5186	5186	4494	4494

注：括号内为 t 值，***、**和*分别表示在1%、5%和10%的水平上显著。

4.5 拓展分析

4.5.1 分所客户的重要性水平

一般情况下，客户重要性水平越高，分所面临的潜在风险也会更多，因审计失败面临的诉讼成本和声誉损失也会更多。具体而言，重要性水平越高的客户往往规模越大、社会关注度越高、市场影响力越大（谢盛纹，2017），如果分所在对这些客户进行审计时因自身失误造成的审计失败，分所将在更大程度上遭受声誉受损的风险，并面临更高的诉讼成本。因此，分所在审计重要客户时，会尽可能地保持执业谨慎性和较高的独立性，尽可能地提供高质量的审计服务。在理论分析的基础上，本章按照客户重要性的值进行分组处理，将高于全部样本中位数的视为客户较为重要且分为"重要性水平高"组，反之，则分为"重要性水平低"组。

表 4-14 列示了相关分析结果，其中，列（1）和列（2）是根据重要性水平分组后分所客户业务集中度（FMC）的回归结果，该结果显示，在"重要性水平低"组中，分所客户业务集中度（FMC）的回归系数在 1% 的水平上显著，而在"重要性水平高"组中，分所客户业务集中度（FMC）的回归系数不显著。列（3）和列（4）是根据重要性水平分组后所长客户业务占有率（FCS）的回归结果，该结果显示，在"重要性水平低"组中，所长客户业务占有率（FCS）的回归系数在 1% 的水平上显著，而在"重要性水平高"组中，所长客户业务占有率（FCS）的回归系数不显著。综上所述，在客户重要性水平较低的情况下，分所客户业务集中度和所长客户业务占有率越高，越不利于分所对被审计单位盈余管理行为的管控。具体体现在重要性水平较低的公司可能内部控制较为松懈，相较于

重要性水平高的公司，它们会更倾向于追求短期利益目标，这就导致它们更有动机进行机会主义行为。此外，当签字审计师负责的非重要性客户越多时，面对利益诱惑其妥协的可能性会相应地提高，从而直接降低分所审计质量。然而，当客户重要性水平较高时，能够有效地改善分所客户业务集中度和所长客户业务占有率对审计质量的不利影响。具体而言，当签字审计师在审计重要客户时，因面临重大压力可能会减少其负责的业务量，同时更加勤勉、谨慎地进行审计工作，努力保持自身独立性，并且加大审计资源的投入以提供更优质的审计服务，因此签字审计师会更易察觉客户管理层的利润操纵行为，从而提高审计质量。

表 4-14　　　　　　　　　　分所客户的重要性水平

变量名称	(1) AbsDA 重要性水平低	(2) AbsDA 重要性水平高	(3) AbsDA 重要性水平低	(4) AbsDA 重要性水平高
FMC	0.097 *** (3.727)	0.023 (1.181)		
FCS			0.025 *** (3.205)	0.008 (1.374)
$Size$	-0.000 (-0.290)	-0.004 ** (-2.039)	-0.001 (-0.687)	-0.004 ** (-2.363)
$Debt$	0.002 (0.254)	0.015 * (1.677)	0.002 (0.250)	0.015 * (1.678)
CF	0.002 (1.166)	-0.009 *** (-7.838)	0.002 (1.135)	-0.009 *** (-7.853)
$Loss$	0.012 *** (2.634)	0.015 *** (2.746)	0.012 *** (2.602)	0.015 *** (2.731)
Soe	-0.012 *** (-4.174)	-0.004 (-1.159)	-0.012 *** (-4.224)	-0.004 (-1.136)
Roa	-0.238 *** (-16.265)	-0.171 *** (-7.683)	-0.238 *** (-16.246)	-0.172 *** (-7.756)

续表

变量名称	(1) AbsDA 重要性水平低	(2) AbsDA 重要性水平高	(3) AbsDA 重要性水平低	(4) AbsDA 重要性水平高
Inv	0.002***	-0.001	0.002***	-0.001
	(4.742)	(-1.075)	(4.754)	(-1.099)
Roe	-0.002**	-0.001	-0.002**	-0.001
	(-2.530)	(-1.189)	(-2.559)	(-1.178)
Ppe	0.031**	0.005	0.030**	0.005
	(2.512)	(0.343)	(2.462)	(0.399)
Big10	-0.059	0.010	-0.064	0.010
	(-1.490)	(0.608)	(-1.614)	(0.593)
Cons	0.108*	0.113***	0.131**	0.121***
	(1.937)	(2.627)	(2.416)	(3.034)
Year/Ind/FOffice	Yes	Yes	Yes	Yes
Adj_R^2	0.216	0.154	0.215	0.155
N	3247	2552	3247	2552

注：括号内为 t 值，***、**和*分别表示在1%、5%和10%的水平上显著。

4.5.2 分所所在地区竞争程度

在不同的审计市场竞争程度下，会计师事务所面对客户盈余管理行为的表现可能不同（申富平等，2013）。分所所在地区既有客户，同样也存在同行业的竞争者，当分所所处地区同行业竞争者的数量较多时，表明该地区审计市场的竞争程度较为激烈，这时在审计市场的竞争中处于优势地位的分所，会拥有更多且稳定的客户资源。而分所如何在竞争中凸显优势，就需要分所提高自身声誉，做到不为满足某一个客户的不正当需求而进行审计合谋，努力保持自身的独立性且不向客户妥协。本章统计样本所属分所机构所在地的会计师事务所总量（包括总分所），通过各地区会计师事务所总量来计算中位数,当总量超过中位数时视为该地区审计市场竞争激烈且分为"竞争程度高"组,否则,分为"竞争程度低"组。

表 4-15 列示了相关分析结果,其中,列(1)和列(2)是按照竞争程度分组后分所客户业务集中度(FMC)的回归结果,该结果显示,在"竞争程度低"组中,分所客户业务集中度(FMC)的回归系数在 1% 的水平上显著,而在"竞争程度高"组中,分所客户业务集中度(FMC)的回归系数不显著。列(3)和列(4)是根据竞争程度分组后所长客户业务占有率(FCS)的回归结果,该结果显示,在"竞争程度低"组中,所长客户业务占有率(FCS)的回归系数在 1% 的水平上显著,而在"竞争程度高"组中,所长客户业务占有率(FCS)的回归系数不显著。综上所述,在竞争程度较低的情况下,分所客户业务集中度和所长客户业务占有率越高,越不利于降低被审计单位的盈余管理行为。具体体现在:分所因没有过多的同行业竞争者施加的压力,加上客户可供选择的事务所较少,这时审计师可能会因为利益诱惑而提高业务集中度和占有率,同时降低自身独立性,损害分所审计质量。而当地区审计市场竞争程度较高时,激烈的竞争能够有效地缓解分所客户业务集中度和所长客户业务占有率对审计质量的不利影响。具体而言,分所面对激烈的竞争环境,会适当降低业务集中度和占有率,以此确保审计师有足够的时间和精力提供高质量的审计服务,进而降低被审计单位的机会主义行为,提高审计质量。

表 4-15 分所所在地区竞争程度

变量名称	(1) $AbsDA$ 竞争程度低	(2) $AbsDA$ 竞争程度高	(3) $AbsDA$ 竞争程度低	(4) $AbsDA$ 竞争程度高
FMC	0.066*** (3.627)	0.023 (1.078)		
FCS			0.018*** (3.161)	0.004 (0.604)

续表

变量名称	(1) AbsDA 竞争程度低	(2) AbsDA 竞争程度高	(3) AbsDA 竞争程度低	(4) AbsDA 竞争程度高
Size	-0.003** (-2.355)	-0.003* (-1.934)	-0.004*** (-2.738)	-0.003** (-2.113)
Debt	0.014* (1.858)	-0.003 (-0.358)	0.015* (1.895)	-0.003 (-0.344)
CF	-0.009*** (-8.368)	0.002* (1.930)	-0.009*** (-8.462)	0.002* (1.927)
Loss	0.025*** (5.326)	-0.003 (-0.616)	0.025*** (5.239)	-0.003 (-0.593)
Soe	-0.009*** (-3.372)	-0.009** (-2.575)	-0.009*** (-3.354)	-0.008** (-2.538)
Roa	-0.120*** (-7.386)	-0.332*** (-18.772)	-0.121*** (-7.494)	-0.332*** (-18.756)
Inv	0.004*** (6.207)	0.000 (0.774)	0.004*** (6.143)	0.000 (0.773)
Roe	-0.002* (-1.949)	-0.001 (-0.829)	-0.002* (-1.955)	-0.001 (-0.833)
Ppe	0.019 (1.582)	0.020 (1.476)	0.019 (1.552)	0.021 (1.505)
Big10	-0.008 (-0.264)	0.018 (0.799)	-0.012 (-0.398)	0.017 (0.760)
CI	-0.016 (-1.495)	-0.000 (-0.026)	-0.007 (-0.702)	0.004 (0.347)
Cons	0.096*** (2.681)	0.068 (1.588)	0.113*** (3.233)	0.076* (1.817)
Year/Ind/FOffice	Yes	Yes	Yes	Yes
Adj_R^2	0.179	0.237	0.179	0.237
N	3132	2667	3132	2667

注：括号内为 t 值，***、** 和 * 分别表示在1%、5%和10%的水平上显著。

4.6 本章小结

本章主要以分所客户资源配置为研究对象,考察不同配置风格对审计质量的影响。首先,基于分所层面,探讨分所客户业务集中度对审计质量的影响。其次,基于所长层面,探讨所长客户业务占有率对审计质量的影响。最后,考虑总分所间一体化治理水平能否在分所客户业务集中度和所长客户业务占有率与审计质量之间发挥调节作用。本章在利用2017—2020年全部 A 股上市公司样本的基础上,筛选出同一分所和不同分所共同进行审计的样本进行多元回归,主要结论如下:①分所客户业务集中度越高审计质量越差,对审计客户盈余管理行为的抑制能力越弱。进一步考虑所长客户业务占有率问题,结果发现,所长客户业务占有率越高审计质量越差。而且会计师事务所一体化治理水平较高,能有效地抑制审计师与客户公司机会主义行为的动机,缓解客户业务集中度和所长客户业务占有率对审计质量的不利影响。②在稳健性检验中,首先,进行关键变量的替代测度,使用审计意见和审计费用作为被解释变量的替代测度,将客户业务集中度和所长客户业务占有率定义为虚拟变量并作为解释变量的替代测度,研究结论依然稳健。其次,为缓解内生性问题,本章进行了 HECKMAN 两阶段检验,同时将解释变量放在同一模型中进行回归,研究结论与主测试一致。最后,本章还考虑了改变样本选择标准,具体包括改变业务归属问题和业务量阈值问题的样本选择标准,均得到了稳健的结论。③在拓展分析中,主要考虑:一是分所客户的重要性水平。结果显示,在重要性水平高的样本中,分所客户业务集中度和所长客户业务占有率与审计质量之间的回归系数均不显著,这说明分所在审计重要性水平高的客户时,因审计失败面临的诉讼成本和声誉损失更多会倾向于保持独立性,同时更加勤勉、谨慎地进行审计工作,保证审计质量。二是考虑分所所处地区审计市

第 4 章 分所客户资源配置与审计质量

场的竞争程度。结果显示，分所客户业务集中度和所长客户业务占有率对审计质量的不利影响在竞争程度较低的样本中更加显著，这说明地区激烈的竞争能够刺激分所提高审计质量以维持稳定的客户来源。

本章基于分所客户资源配置这一行为及其经济后果的分析，对审计师、会计师事务所以及注册会计师协会等行业监管部门具有重要启示意义，根据本章实证结果和结论，从以下几个方面提出政策建议：①以往关于客户资源配置的研究主要围绕企业展开，而分所内客户资源如何配置以及是否会影响审计质量这一问题并没有引起学界和实务界的重视。本章从分所客户业务集中度和所长客户业务占有率这两个角度进行分析，结果表明分所业务资源越集中，越可能损害审计质量。鉴于此，希望学术界和行业监管部门充分挖掘这一行为背后的信息含量，以降低客户资源不合理配置对审计质量的不利影响。②根据本章的结论可知，一体化治理水平较高的分所因具备良好的质量控制机制，因而能有效地改善执业行为、加强风险防控。因此，希望会计师事务所重视一体化治理机制的建设和完善，通过总所的治理来弥补分所风险质控的不足。③本章对分所客户资源的研究可以帮助分所了解影响其内部治理有效性的机制和因素，为分所合理配置业务资源、加强业务质量管控、重视员工能力培训等提供参考。本章还可为审计行业监管部门制定业务质量控制标准，出台增强审计师独立性等相关的指导性规范提供理论经验与决策依据，改善分所所长抑或少数合伙人在业务资源配置方面"独占鳌头"的局面，提高审计行业监管效率，促进审计行业持续向好发展。

第 5 章

总分所审计师"业务合签"与审计质量

第 5 章 总分所审计师"业务合签"与审计质量

5.1 理论分析与假设提出

5.1.1 总分所审计师"业务合签"对审计质量的影响

总分所审计师"业务合签"是会计师事务所内部治理的一种创新机制。遗憾的是，现有研究主要集中于考察事务所内部治理是否影响审计质量，已有结论主要体现在内部治理指数或内部治理整体的影响上，关于具体治理机制的研究仍鲜有涉猎，总分所审计师"业务合签"的实际效果，学界仍知之甚少。根据以往研究经验推测，较之分所审计师审计业务，"业务合签"对审计质量的影响可能呈现正负两种效应，本章将从以下两个角度展开。

（1）正向效应

根据学界现有事务所内部治理方面的经验证据，我们推测总分所审计师"业务合签"可能是事务所对分所进行治理的一种手段。

第一，"业务合签"整合资源、强化协同作业，保证审计质量。审计师的行业经验实质上反映了其专业胜任能力，具体表现为审计师积累并掌握了客户所在行业的经营特点、交易流程、特殊会计政策等知识（DeFond et al.，1991）。"闻道有先后，术业有专攻"，不同地域或组织层级的审计师所拥有的行业专长可能不同。顺理推之，"业务合签"模式可能会整合总所与分所各自的优势资源和技术专长。具体而言，总所通常拥有深厚的专业背景、强大的技术支撑以及丰富的人才储备，能够在宏观层面给予指导和支持。同时，分所可以凭借对本地市场的深入了解及实地操作经验，准确把握审计客户的具体需求并迅速解决问题。"业务合签"模式下，总分所审计师的紧密配合、协同作业可能会提升审计效率，针对不同的客户企业特性采取灵活多样的审计方法，进而保证审计业务的专业性和严谨性，实现"1+1>2"的效果。

第二，"同侪监督效应"维系审计师独立性，保证审计质量。相较于分所审计师审计业务中可能存在的同质化问题，"业务合签"团队中的签字审计师来自不同的组织层级和地域背景，两者在亲密程度上较弱，其相互之间的独立性和距离感可能会增强同侪监督的效果，有利于发现和纠正潜在的审计偏差，进一步保证审计结果的真实性和公信力。因此，会计师事务所推行总分所审计师"业务合签"可能是事务所对分所进行治理的一种有效手段，同时也可能是提高审计质量的有效路径。"业务合签"可能会促进总所与分所在资源分配上的深度融合，构建"同侪监督效应"，从审计效率和独立性两个层面保证审计质量，由此提出假设5-1a：

假设5-1a：限定其他条件，相比分所审计师审计业务，总分所审计师"业务合签"的审计质量更高。

（2）负向效应

在实际运作中，事务所采用总分所审计师"业务合签"模式可能需面对一系列的潜在风险与挑战。

第一，沟通协调成本上升，降低审计质量。良好的团队协作能力是审计团队确保高质量审计服务不可或缺的"软实力"基础，尤其是在公司年报审计团队中作为领导核心的签字审计师，他们之间的沟通合作机制对整个团队的协同效率起到决定性作用（宋子龙和余玉苗，2018）。鉴于"业务合签"团队中的签字审计师来自不同的组织和地域层级，双方在信息交流和共享环节可能遭遇滞后性和效率瓶颈问题，加之总分所在审计文化背景及工作方法上的差异性，审计团队在协同工作中可能会出现沟通障碍与协作难题，限制其对关键审计事项作出及时准确的判断，造成信息流通不畅、共享不足，进而降低审计质量。

第二，总所监督与控制机制实施难度增大，降低审计质量。在我国，一个深层次的问题是分所强劲的扩张动机与总所较差的管控能力之间的矛盾。近年来，随着分所数量的增加，事务所总所对其分所实际上缺乏有效

第5章 总分所审计师"业务合签"与审计质量

控制,总分所形式上是一个法律整体,实质上却是各行其是、各自为政(王春飞和吴溪,2019)。总所对于各地区分所的实际运营状况以及具体项目的审计过程难以实施有效而直接的监督,这可能会导致审计程序执行不到位,审计标准执行不一致,从而对整体审计质量造成负面影响。顺理推之,如果"业务合签"模式中总所派出的签字审计师在特定项目上的经验和能力不足以应对复杂或高风险的审计任务,那么上述监督缺失、控制失效现象对审计质量的负面影响会更加显著。

第三,"业务合签"加剧潜在利益冲突,降低审计质量。一方面是"客户-合签团队"利益冲突。基于差序格局理论,我国是典型的"关系型"社会,人情往来在社会交往中扮演着重要角色。顺理推之,在"业务合签"模式下,分所在本地经营,其生存和发展可能严重依赖于与当地主要客户的长期良好关系,而严格审计可能会损害其与这些重要客户的长期合作。因此,为了迎合当地客户的需求或是受其他情感因素的干扰,分所可能倾向于牺牲一定的审计独立性以换取业务签字权收益。尤其当分所的经济利益与总所利益不一致时,这种向局部利益妥协的倾向可能更为突出。另一方面是"政府—合签团队"利益冲突。地方政府或相关机构可能倾向于保护本地企业,对当地分所施加非市场性影响,要求其在审计过程中对本地企业的财务报告采取较为宽松的标准。这种情况可能导致即使有总所审计师参与决策,"业务合签"团队也会因为受到地方政治、经济和社会关系的压力而不能完全按照独立、公正的原则进行审计,进而威胁审计独立性,损害审计质量。虽然分所审计师可能形成了对特定客户的经验积累,也掌握了客户的业务特点及特殊的会计政策等信息,有助于提升其在客户风险领域评估的精确性,但出于客户资源维系动机和迫于政府压力对审计师独立性的干扰,即使有总所审计师的参与,"业务合签"团队仍可能无法避免给予客户审计优待,降低审计质量,由此提出假设5-1b。

假设5-1b:限定其他条件,相比分所审计师审计业务,总分所审计师"业务合签"的审计质量更低。

5.1.2 "业务合签"审计师搭档合作经验对审计质量的影响

签字审计师团队是由多名审计师构成的相互合作、利益共享、风险共担的整体（Jaggi et al.，2015）。置于审计实务中，公司年报审计工作不是"单打独斗"，而是"团队作业"，签字审计师发挥自身效用必然依赖于工作团队。因此，团队内部的文化建设及相互信任对于保障审计质量具有关键性作用。根据上文推理，"业务合签"模式对审计质量的负面影响可能源于"业务合签"团队成员间的协作不足或合作经验有限，从而导致难以实现通过协同合作来提升审计质量的预期。具体逻辑如下：

第一，基于现代沟通理论，沟通是建立在相互理解基础上的社会互动过程，其有效性依赖于参与者之间的共识和有效解读。顺理推之，若两位签字审计师初次合作或者合作关系不稳定时，其审计风格和对会计准则的理解差异，可能导致在执行审计程序和评估审计证据时出现意见不合的情况，造成信息在传递和处理过程中出现扭曲或"时滞"现象，进而影响审计结论的一致性和准确性。特别地，在审计工作流程中，高级审计师对初级审计师工作的指导和复核环节至关重要。根据华盛顿合作定律，审计项目负责人与复核人之间保持稳定的搭档关系意味着双方信任度与默契度较高，有助于他们在重要审计判断及审计结论上达成共识，提高项目复核工作的效率，减少或避免因信任缺失、意见不合而产生的低效工作（闫焕民等，2022）。反之，若双方合作不够稳定，未能建立起深度的有效沟通机制，则可能导致复核流程仅停留在表面，不能准确地识别并解决潜在的错误、遗漏或其他审计风险。这种情况下，审计质量难以得到有效保障，从而增加了产生负面效应的可能性。

第二，基于资产专用性理论，人力资本的专用性意味着一旦投入特定领域或组织，其转换至其他用途时将面临较高成本。为降低这些交易成本，确保人力资本的有效利用与价值最大化，可以采取非市场机制，如纵向整合、签订长期合同、建立稳固的合作伙伴关系等方式进行管理。置于审计实务中,团队行业专长是审计师团队成员在历年合作中不断积累的集体智慧,是团队成员共同努力的结果。频繁稳定的合作可以促进团队经验和专业知识的积累与共享,相反,如果双方缺乏深入的合作与磨合,专家审计师在特定行业、客户或审计领域的专长可能无法"向下"为无行业经验的成员审计师提供支持,进而可能产生知识壁垒,难以形成严谨且高质量的审计判断。因此,"业务合签"模式会造成团队成员间的协作经验有限,降低审计质量,由此提出假设5-2:

假设5-2:限定其他条件,在"业务合签"模式下,总分所审计师搭档合作经验越少,审计质量越差。

5.1.3 "业务合签"分所审计师相对决策权对审计质量的影响

基于信息成本理论,组织内部决策权的最优配置是信息成本和代理成本的均衡。相应地,在"业务合签"团队决策权的分配问题上,从信息成本的角度出发,由于分所审计师享有对客户和细分市场的专有知识,因此"业务合签"团队需要考虑授予分所审计师更多的决策权,以降低整体的信息成本及代理成本。顺理推之,在"业务合签"模式下,分所审计师很有可能出于拥有更多的相对决策权加之维护分所利益最大化的动机,选择性忽视总所审计师的决策建议,原本预期跨事务所合作带来的"同侪监督效应",在实际审计执业过程中可能未得到有效发挥。具体理由如下:

第一,同侪监督和独立性受损,降低审计质量。有效的审计工作往往需要不同观点和经验的融合来确保审计结果的客观公正。一般而言,在审计团队内部,经验丰富的审计专家往往在决策过程中扮演核心角色,占据团队决策的主导地位。在总分所审计师"业务合签"模式下,作为首位签字的分所审计师可能凭借其优于总所审计师的丰富审计经验及其在审计行业中的权威性,在审计决策中占据显著优势。尽管总所审计师可能对最终审计意见具有实质性影响作用,但在这种权力分配结构下,可能出现的情况是,实际执行的审计程序或判断标准未能充分吸纳总所审计师的专业见解，而过分倚重分所审计师的决策权威，形成所谓"一言堂"现象，损害审计质量。

第二，地域偏向与客户关系限制，降低审计质量。在我国审计市场中，承接分所业务的审计团队接受来自所属分所的业绩评价、利益分配以及晋升与退出考评，而分所执业的潜在声誉损失和审计失败的风险大部分由总所承担。换言之，事务所"同甘但不共苦"的特性使分所有强烈的动机为了赚取客户收入而向客户妥协并牺牲整个事务所的声誉。相应地，在分所承接的业务中，分所审计师与当地市场间可能存在深厚的客户关系网络，"业务合签"团队在执行审计任务时可能会受到这些关系的影响，从而削弱审计工作的独立性和客观性。特别是在处理复杂的审计事项或者面对潜在利益冲突时，过分关注本地关系可能导致"业务合签"团队在判断上过分偏向分所审计师的决策，选择性忽视总所审计师的决策建议，进而对审计质量造成负面影响。

第三，认同威胁与资源分配不均，降低审计质量。依据社会认同理论，群体成员会努力保持或实现积极的群体认同，以提高其"自尊水平"（Tajfel，1978）。特别是在中国文化背景下，群体的边界非常清晰，很难被改变。顺理推之，在"业务合签"模式下，当分所审计师的高地位受到总所审计师的威胁时，分所审计师可能更有动机作出机会主义行为以维护其群体认同，保持其在团队中的"自尊水平"（闫焕民等，2022）。类似地，认同威胁也可能会导致分所审计师对总所审计师表现出偏见和敌意，这会导致总所的专业知识、经验和技术支持可能并未得到充分利用，进而削弱审计工作的严谨性和深度。此外，若分所审计师在"业务合签"过程中占据决策主导，可能会导致优质审计资源被优先分配给分所负责的项目，而非依据项目实际风险和难度，从而损害审计质量。因此，在"业务合签"模式下，分所审计师拥有过多的相对决策权会降低审计质量，由此提出假设5-3：

假设5-3：限定其他条件，在"业务合签"模式下，分所审计师相对决策权越大，审计质量越差。

5.2 变量界定与模型构建

5.2.1 变量界定

(1) 审计质量

①操纵性应计利润绝对值（AbsDA）

本章采用 DeFond（2014）的研究方法，利用修正琼斯模型计算操纵性应计利润并以其绝对值作为审计质量的替代度量，计算方法参见式（5-1）。

$$\frac{TA_{i,t}}{A_{i,t-1}} = \beta_1 \frac{1}{A_{i,t-1}} + \beta_2 \frac{\Delta SALES_{i,t} - \Delta AR_{i,t}}{A_{i,t-1}} + \beta_3 \frac{PPE_{i,t}}{A_{i,t-1}} + \varepsilon_{i,t} \quad 式（5-1）$$

其中，$TA_{i,t}$ 表示公司总应计利润，等于公司营业利润减去经营活动现金净流量，$A_{i,t-1}$ 表示公司期初总资产，$\Delta SALES_{i,t}$ 表示公司销售收入增加额，$\Delta AR_{i,t}$ 表示公司应收账款增加额，$PPE_{i,t}$ 表示公司固定资产原值，式（5-1）的回归残差值 $\varepsilon_{i,t}$ 表示公司的操纵性应计利润。该数值越大，意味着经审计的盈余信息质量越差，审计质量越低。

②审计报告激进度（ARA）

借鉴 Gul 等（2013）的研究方法，采用审计报告激进度作为审计质量的替代度量，记为 ARA，具体计算方法：首先，构建审计意见预测式（5-2），估算签字审计师为客户出具非标意见的概率 P。其次，审计报告激进度 $ARA = (P - MAO)$，ARA 的数值越大，表示签字审计师"实际为客户出具非标意见的概率"越小于"本应该为客户出具非标意见的概率"，这意味着审计报告激进度越高，审计师谨慎性越差，审计质量越低。在式（5-2）中，$Size$ 表示公司规模，$Debt$ 表示资产负债率，Inv 表示存货比率，Rec 表示应收账款比率，$Other$ 表示其他应收款比率，$List$ 表示上市年数，

ROA 表示资产报酬率，Liq 表示流动比率，$Loss$ 表示是否亏损。

$$MAO_{i,t} = \theta_0 + \theta_1 Size_{i,t} + \theta_2 Dbet_{i,t} + \theta_3 Inv_{i,t} + \theta_4 Rec_{i,t} + \theta_5 Other_{i,t} + \theta_6 List + \theta_7 ROA_{i,t} + \theta_8 Liq_{i,t} + \theta_9 Loss_{i,t} + \theta_{10} Year + \theta_{11} Ind + \varepsilon_{i,t} \quad \text{式（5-2）}$$

此外，借鉴 Chen 等（2011）研究经验，采用财务报告信息质量（Frq）指标作为审计质量的替代度量，进行稳健性检验。

（2）总分所审计师"业务合签"：是否为总分所审计师"业务合签"样本（$CSign$）

根据前述定义，总分所审计师"业务合签"是指在一个审计项目中，由总所和分所的审计师共同承担工作，进行审计报告的合作签署。在这种模式下，总所和分所的审计师参与到同一审计项目中，分担任务和责任。因此，本章设置解释变量 $CSign$，即是否为总分所审计师"业务合签"样本。具体地，如果上市公司年报中首位签字审计师来自分所，第二签字审计师来自总所，我们将 $CSign$ 值赋为 1。如果上市公司年报中的签字审计师全部来自分所，包括来自不同分所和相同分所，即前文所述分所审计师审计业务，则 $CSign$ 的值等于 0。

（3）"业务合签"总分所审计师搭档合作经验：两名审计师累计合作签署上市公司年报的次数（$CCop$）

为考察"业务合签"模式下，总分所审计师搭档合作经验对审计质量的影响，本章设置变量 $CCop$，取值为两名审计师累计合作签署上市公司年报的次数（含当年），该指标越大，说明"业务合签"搭档合作参与的上市公司审计项目越多，合作关系更稳定，积累的合作经验越丰富，彼此间越熟悉。

（4）"业务合签"分所审计师相对决策权：总分所审计师累计审计上市公司客户数之差（$CDec$）

本章设置变量 $CDec$ 考察在"业务合签"模式下，较之总所审计师，分所审计师的相对决策权。$CDec$ 取值于分所审计师（首位签字审计师）的累计审计上市公司客户数（含当年）减去总所审计师（第二签字审计师）的累计审计上市公司客户数（含当年）。该指标为正，则说明分所审计师的行业经验比总所审计师更丰富，在"业务合签"团队中拥有更多的相对决策权。同时，该指标越大，表明分所审计师的相对决策权越大。反之，该指标为负，则说明分所审计师的行业经验比总所审计师相对不足，处于决策劣势地位，拥有更少的相对决策权。

（5）控制变量

为控制影响审计质量的因素，借鉴 Chen（2011）研究经验，控制变量如下：

①公司特征层面，控制了公司规模（$Size$）、资产负债率（$Debt$）、现金流状况（CF）、净资产收益率（Roe）、流动比率（Liq）、投资收益率（Roi）、托宾 Q 值（TQ）、总资产报酬率（Roa）、存货周转率（Ito）、销售费用率（Ser）、产权性质（Soe）、管理费用率（MF）等变量。

②审计师特征层面，控制了客户经济依赖度（Imp）和审计师行业经验（Exp）变量。

③控制了年度和行业层面的固定效应。

具体变量定义和说明如表 5–1 所示。

表 5–1　　　　　　　　　变量定义和说明

变量类别	变量名称	变量标识	说明
被解释变量	操纵性应计利润绝对值	AbsDA	根据修正琼斯模型估算的操纵性应计利润的绝对值，详见上文的变量说明
	审计报告激进度	ARA	详见上文的变量说明
解释变量	总分所审计师"业务合签"	CSign	详见上文的变量说明
	"业务合签"总分所审计师搭档合作经验	CCop	详见上文的变量说明
	"业务合签"分所审计师相对决策权	CDec	详见上文的变量说明

续表

变量类别	变量名称	变量标识	说明
公司特征变量	公司规模	Size	年末总资产的自然对数
	资产负债率	Debt	负债与总资产的比值
	现金流状况	CF	每股经营活动产生的现金流量净额
	管理费用率	MF	管理费用与主营业务收入的比值
	流动比率	Liq	流动资产与总资产的比值
	存货周转率	Ito	销售成本与平均存货余额的比值
	总资产报酬率	Roa	净利润与平均资产总额的比值
	销售费用率	Ser	销售费用与销售收入的比值
	净资产收益率	Roe	净利润与平均股东权益的比值
	投资收益率	Roi	公司投资获得的净利润与投资总额的比值
	托宾Q值	TQ	公司市场价值与其资产重置成本的比值
	产权性质	Soe	国企取值为1，否则取0
审计师特征变量	客户经济依赖度	Imp	公司资产除以审计师当年审计的所有公司资产之和，取二位审计师均值
	审计师行业经验	Exp	审计师累计签字年数，取二位审计师均值

5.2.2 模型构建

（1）针对假设 5-1，为检验总分所审计师"业务合签"对审计质量的影响，借鉴蔡春和鲜文铎（2007）的研究经验，构建模型，见式（5-3）。

$$Abs\ DA_{i,t} / ARA_{i,t} = \beta_0 + \beta_1 CSign_{i,t} + \sum Controls_{i,t} + \sum Year + \sum Ind + \varepsilon_{i,t} \quad \text{式（5-3）}$$

被解释变量是以修正琼斯模型计算的操纵性应计利润绝对值（$AbsDA$）和审计报告激进度（ARA），作为审计质量的替代度量指标。$CSign$ 表示是否属于总分所审计师"业务合签"样本的虚拟变量，$Controls$ 表示控制变量组合，包括公司特征和审计师特征等，此外，控制年度（$Year$）和行业（Ind）固定效应，具体定义详见表 5-1。

(2) 针对假设 5-2，为考察在"业务合签"模式下，总分所审计师搭档合作经验对审计质量的影响，本章设置变量 $CCop$ 作为自变量构建模型，见式（5-4）。其他变量含义与式（5-3）相同。

$$Abs\,DA_{i,t}/ARA_{i,t} = \beta_0 + \beta_1 CCop_{i,t} + \sum Controls_{i,t} + \sum Year + \sum Ind + \varepsilon_{i,t}$$

式（5-4）

(3) 针对假设 5-3，为检验在"业务合签"模式下，分所审计师相对决策权对审计质量的影响，本章设置变量 $CDec$ 作为自变量构建模型，见式（5-5）。其他变量含义与式（5-3）相同。

$$AbsDA_{i,t}/ARA_{i,t} = \beta_0 + \beta_1 CDec_{i,t} + \sum Controls_{i,t} + \sum Year + \sum Ind + \varepsilon_{i,t}$$

式（5-5）

5.3 实证分析

5.3.1 研究样本与数据来源

本章的样本区间为 2017—2022 年。之所以选取 2017 年作为研究起始点，主要基于两个原因：其一，我国于 2017 年开始执行新的审计准则体系，在此之前，会计师事务所的组织结构调整和行业整合较为频繁。因此，选择 2017 年后的样本数据能够有效减少这些因素对研究结果的潜在干扰。其二，2017 年修订后的审计准则明确规定需披露项目合伙人的信息，并明确了合伙人与项目经理的角色定位。因此，以 2017 年作为研究起点更能准确地确定业务归属关系。

鉴于本章主要聚焦于总分所审计师"业务合签"对分所业务治理的影响，研究样本界定为分所负责审计的 A 股上市公司。按照常规，上市公司年报通常由两位审计师签字确认，一般情况下，首位签字审计师被认定为项目合伙人，第二位则为项目经理。参照陈波（2013）相关研究成果，制定了如下筛选标准：首先，剔除所有签字审计师均隶属于总所的样本。其次，若两位签字审计师同属于一个分所，则判定由该分所负责上市公司的年报审计工作。进一步，当两位签字审计师分别来自总所和分所，或来自不同分所但至少其中一位所在的分所与上市公司的注册地处于同一省级行政区域时，按照地域邻近原则认定该分所承担该上市公司的年报审计任务。而若两位签字审计师分别来自总所和分所，或者来自不同分所但其所在地与上市公司注册地不在同一省级行政区域内，则依据惯例推定首位签字审计师（通常是项目合伙人）所在的分所或总所主导该公司的年报审计，但对于归属于总所直接审计的样本，同样予以排除。另外，为了精准筛选出分所业务样本，在分析过程中我们注意到：项目合伙人在签字审计团队中通常扮演着核心角色，若审计业务的项目合伙人（首位签字审计师）来自总所，则一般情况下意味着该业务的核心决策、重要程序执行及最终审计判断是在总所层面上完成。因此，本章将此类样本视作总所业务样本，予以剔除。

样本具体筛选程序如下：①初始样本为2017—2022年由分所负责审计的上市公司数据；②剔除行业性质特殊的金融、保险类公司的公司观测值，剔除ST类公司观测值；③剔除因财务数据缺失等原因导致无法计算操纵性应计利润值、审计报告激进度的公司观测值及文中所用控制变量的相关财务数据缺失的公司观测值，最终样本公司观测值为11352个，其中，"业务合签"样本364个，占全样本的3.206%。本章所使用的公司财务数据主要来自国泰安数据库（CSMAR）。审计师个人信息数据主要来自中注协行业管理信息系统及巨潮资讯网站，为确保数据的准确性和一致性，所有审计师信息均通过手工方式逐一核实，并对审计师姓名错误、重名等潜在数据问题进行了检查和修正。此外，为了缓解研究模型中变量极端值的干扰，对所有连续变量进行了首尾1%分位的WINSORIZE处理。

5.3.2 描述性统计分析

表5-2是变量的描述性统计结果。结果显示：①审计质量指标。操纵性应计利润绝对值（AbsDA）均值为0.046，标准差为0.045；审计报告激进度（ARA）的均值为0.031，标准差为0.064。总体而言，审计质量替代指标数据与现有研究保持一致，样本分布合理且具有一定的差异识别度。②总分所审计师"业务合签"指标。该指标均值为0.032，标准差为0.176，说明总分所审计师"业务合签"样本占全样本的3.2%，多数样本为分所审计师审计业务，样本结构合理。

在控制变量方面，公司资产自然对数的均值为22.347，标准差为1.285，最小值与最大值分别为20.096和26.309，说明样本公司规模差异较大；资产负债率均值为0.427，标准差为0.199，说明样本公司负债杠杆率较大；净资产报酬率均值为0.053，标准差为0.159，说明总体上公司盈利状况较好；公司每股现金流均值为0.050，标准差为0.068，说明公司现金流状况合理；产权性质指标均值为0.303，标准差为0.460，说明样本中约30.3%为国有企业。综上所述，审计质量替代度量指标、公司财务数据和审计师特征指标等均与实际情况较为吻合，且数据分布也较为合理。

表5-2 描述性统计结果

变量	样本量	均值	标准差	下四分位数	中位数	上四分位数	最小值	最大值
AbsDA	11352	0.046	0.045	0.015	0.032	0.061	0.001	0.239
ARA	11352	0.031	0.064	0.005	0.011	0.025	0.001	0.434
CSign	11352	0.032	0.176	0.000	0.000	0.000	0.000	1.000
CCop	364	3.009	2.873	1.000	2.000	4.000	1.000	17.000
CDec	364	4.747	10.849	0.000	2.000	8.000	-29.000	53.000
Size	11352	22.347	1.285	21.416	22.184	23.068	20.096	26.309

续表

变量	样本量	均值	标准差	下四分位数	中位数	上四分位数	最小值	最大值
Debt	11352	0.427	0.199	0.271	0.421	0.567	0.061	0.899
Liq	11352	2.396	2.202	1.182	1.665	2.722	0.337	13.806
CF	11352	0.050	0.068	0.011	0.048	0.088	-0.153	0.249
Roa	11352	0.037	0.073	0.013	0.039	0.073	-0.276	0.231
MF	11352	0.074	0.061	0.037	0.059	0.091	0.007	0.398
Roi	11352	0.438	2.555	0.003	0.043	0.144	-4.912	20.638
Imp	11352	0.554	0.287	0.327	0.560	0.765	0.025	1.000
Exp	11352	7.487	3.553	5.000	7.000	9.000	1.000	17.500
Roe	11352	0.053	0.159	0.025	0.073	0.124	-0.814	0.382
TQ	11352	2.504	1.671	1.388	2.000	2.990	0.848	9.890
Ito	11352	15.274	8.649	2.111	3.807	7.151	0.153	52.417
Ser	11352	0.074	0.095	0.016	0.039	0.089	0.001	0.489
Soe	11352	0.303	0.460	0.000	0.000	1.000	0.000	1.000

注：表5-2中"业务合签"总分所审计师搭档合作经验（CCop）和"业务合签"分所审计师相对决策权（CDec）为"业务合签"样本中的统计情况。

5.3.3 相关性分析

表5-3报告了模型中主要解释变量的Pearson相关系数（左下）和Spearman（右上）相关系数的分析结果，结果显示：首先，CSign与AbsDA的相关系数分别在1%和10%的水平上显著为正；其次，CSign与ARA的相关系数均在5%的水平上显著为正。初步说明在不考虑其他影响因素的情况下，总分所审计师"业务合签"与审计质量呈负相关。

第5章 总分所审计师"业务合签"与审计质量

表5-3 相关系数表

	AbsDA	ARA	CSign	Size	Debt	Liq	CF	Roa	MF	Roi	Imp	Exp	Roe	TQ	Ito	Ser	Soe
AbsDA	1	0.034***	0.018*	-0.035***	0.043***	0.019**	-0.003	0.046***	-0.059***	-0.006	-0.036***	-0.001	0.065***	0.078***	-0.018***	-0.013	-0.057***
ARA	0.050***	1	0.020**	-0.001	0.434***	-0.399***	-0.170***	-0.383***	-0.002	-0.056***	0.035***	0.009	-0.271***	-0.138***	0.082***	-0.080***	0.162***
CSign	0.030***	0.021**	1	0.020**	0.018*	-0.020***	-0.019***	-0.028**	0.013	0.012	0.013	-0.001	-0.023**	-0.025**	0.007	-0.030***	0.013
Size	-0.038***	-0.082***	0.026**	1	0.511***	-0.482***	0.079***	-0.060***	-0.385***	0.096***	0.465***	0.033***	0.102***	-0.571***	0.143***	-0.288***	0.356***
Debt	0.067***	0.279***	0.019**	0.506***	1	-0.826***	-0.167***	-0.406***	-0.280***	-0.009	0.252***	0.001	-0.140***	-0.439***	0.105***	-0.260***	0.226***
Liq	-0.026***	-0.155***	-0.010	-0.378***	-0.686***	1	0.054***	0.383***	0.190***	0.009	-0.243***	-0.016***	0.175***	0.410***	-0.242***	0.266***	-0.239***
CF	-0.052***	-0.116***	-0.019**	0.081***	-0.169***	0.054***	1	0.458***	-0.102***	-0.007	0.025**	0.030***	0.435***	0.117***	0.160***	0.020**	-0.003
Roa	0.028***	-0.228***	-0.022**	0.016*	-0.363***	0.252***	0.434***	1	-0.119***	0.090***	-0.071***	0.020**	0.633***	0.372***	0.021**	0.045***	-0.130***
MF	-0.022**	0.121***	0.020**	-0.308***	-0.188***	0.185***	-0.145***	-0.240***	1	0.001	-0.155***	-0.021**	-0.224***	0.299***	-0.286***	0.388***	-0.115***
Roi	0.007	0.024**	0.035***	-0.043***	-0.012	0.030***	0.002	0.018*	0.007	1	0.051***	-0.010	0.095***	-0.062***	0.020**	-0.005	0.068***
Imp	-0.039***	0.008	0.013	0.472***	0.248***	-0.170***	0.033***	-0.028**	-0.108***	-0.016*	1	-0.255***	0.010	-0.288***	0.072***	-0.134***	0.167***
Exp	-0.003	-0.028**	-0.001	0.029***	0.001	-0.018*	0.032***	0.032***	-0.006	0.002	-0.247***	1	0.020**	-0.041***	-0.016*	0.012	0.047***
Roe	0.025***	-0.233***	-0.009	0.097***	-0.264***	0.135***	0.351***	0.597***	-0.251***	0.009	0.007	0.031***	1	0.261***	0.049***	-0.039***	-0.061***
TQ	0.076***	0.020**	-0.026**	-0.414***	-0.356***	0.331***	0.144***	0.268***	0.228***	0.007	-0.200***	-0.046***	0.147***	1	-0.137***	0.267***	-0.348***
Ito	0.012	0.014	0.003	0.010	0.011	-0.025***	0.055***	-0.003	-0.004	-0.014	0.012	-0.011	0.003	0.018*	1	-0.335***	0.160***
Ser	-0.019**	-0.034***	-0.024**	-0.196***	-0.228***	0.165***	0.052***	-0.009	0.224***	-0.005	-0.076***	0.005	-0.045***	0.216***	-0.079***	1	-0.235***
Soe	-0.061***	0.082***	0.013	0.366***	0.230***	-0.172***	-0.008	-0.060***	-0.063***	-0.001	0.164***	0.050***	-0.014	-0.252***	0.072***	-0.179***	1

注:***、** 和 * 分别表示在1%、5% 和10%的水平上显著。

值得注意的是，根据本章研究内容，"业务合签"总分所审计师搭档合作经验（$CCop$）、"业务合签"分所审计师相对决策权（$CDec$）为"业务合签"样本下的解释变量，模型中的被解释变量及控制变量组合均与表5-3中的变量相同，因此与表5-3合并展示，此处不再单独展示，结果显示：①$CCop$与$AbsDA$的相关系数均在1%的水平上显著为负，与ARA的相关系数分别在10%和5%的水平上显著为负。初步说明，限定其他条件，在"业务合签"模式下，总分所审计师搭档合作经验与审计质量正相关；②$CDec$与$AbsDA$的相关系数均在1%的水平上显著为正，与ARA的相关系数分别在10%和5%的水平上显著为正。初步说明，限定其他条件，在"业务合签"模式下，分所审计师相对决策权与审计质量负相关。

此外，本章模型中所有变量的相关系数详见表5-3。根据结果显示，所有变量之间的相关系数均小于0.8，说明不存在多重共线性问题。

5.3.4 多元回归分析

（1）总分所审计师"业务合签"与审计质量

表5-4列示了总分所审计师"业务合签"对审计质量影响的多元回归结果。其中，第（1）列和第（2）列报告了未控制年度和行业固定效应的结果，第（3）列和第（4）列报告了控制年度和行业固定效应的结果。结果显示：无论是否控制年度和行业固定效应，以操纵性应计利润的绝对值（$AbsDA$）作为审计质量的替代测度，总分所审计师"业务合签"（$CSign$）的回归系数均在1%的水平上显著为正。以审计报告激进度（ARA）作为审计质量的替代测度，总分所审计师"业务合签"（$CSign$）的回归系数分别在5%和1%的水平上显著为正。这表明较之分所审计师审计业务，采用总分所审计师"业务合签"模式的分所业务的操纵性应计利润绝对值更大，审计报告激进度更高，审计质量下降，支持本章假设5-1b。其可能的解释是：在"业务合签"模式下，总分所审计师沟通与协调成本增大并且面临总所监督与控制难题，导致审计质量下降。具体而言，

第 5 章　总分所审计师"业务合签"与审计质量

由于总所和分所的审计师之间存在着不同的审计文化和工作方式,加之双方地域层级和组织层级差异的干扰,总分所审计师的沟通与信息共享可能存在滞后和效率问题,导致信息共享不足,妨碍"业务合签"团队对重要审计事项作出及时准确的判断,进而降低审计质量。

表 5-4　总分所审计师"业务合签"与审计质量

变量名称	(1) AbsDA	(2) ARA	(3) AbsDA	(4) ARA
$CSign$	0.008 *** (3.446)	0.006 ** (2.053)	0.009 *** (3.774)	0.008 *** (2.596)
$Size$	-0.002 *** (-4.201)	-0.014 *** (-22.727)	-0.003 *** (-5.525)	-0.015 *** (-23.262)
$Debt$	0.037 *** (11.076)	0.138 *** (31.023)	0.031 *** (8.923)	0.148 *** (32.777)
Liq	0.000 (1.187)	0.001 * (1.931)	-0.000 (-0.451)	0.001 *** (2.757)
CF	-0.047 *** (-6.730)	-0.005 (-0.519)	-0.040 *** (-5.685)	-0.003 (-0.294)
Roa	0.043 *** (2.905)	0.038 ** (1.967)	0.043 *** (2.930)	0.053 *** (2.772)
MF	-0.018 ** (-2.389)	0.092 *** (9.004)	-0.020 ** (-2.453)	0.128 *** (11.976)
Roi	0.001 (0.307)	0.000 * (1.874)	0.000 (0.002)	0.001 ** (2.493)
Imp	-0.004 ** (-2.300)	0.010 *** (4.536)	-0.004 ** (-2.388)	0.008 *** (3.804)
Exp	-0.001 (-0.126)	-0.000 (-0.772)	-0.000 (-0.191)	-0.000 (-1.644)
Roe	0.004 (0.677)	-0.051 *** (-6.173)	0.003 (0.554)	-0.046 *** (-5.771)
TQ	0.002 *** (7.636)	0.003 *** (6.882)	0.003 *** (8.110)	0.002 *** (5.531)

续表

变量名称	(1) AbsDA	(2) ARA	(3) AbsDA	(4) ARA
Ito	0.001 *	0.001	0.000 **	0.000
	(1.769)	(0.361)	(2.254)	(1.298)
Ser	-0.006	-0.009	-0.009 *	-0.022 ***
	(-1.174)	(-1.470)	(-1.824)	(-3.363)
Soe	-0.005 ***	0.015 ***	-0.004 ***	0.015 ***
	(-4.990)	(11.354)	(-3.846)	(11.191)
$Constant$	0.073 ***	0.266 ***	0.094 ***	0.285 ***
	(7.323)	(20.122)	(8.708)	(20.307)
Year/Ind	No	No	Yes	Yes
Adj_R^2	0.031	0.179	0.053	0.221
N	11352	11352	11352	11352

注：括号内为 t 值，*** 、** 和 * 分别表示在1%、5%和10%的水平上显著。

此外，在模型的控制变量方面，公司规模（$Size$）越大，操纵性应计利润绝对值越小，审计报告激进度越小，说明公司规模越大，其公司内控水平可能更好，内控制度可能更健全，能够保证审计质量。公司资产负债率（$Debt$）越大，操纵性应计利润绝对值越大，审计报告激进度越高，说明资产负债率越高，公司的财务风险、经营风险以及舞弊可能性可能越大，审计难度上升，审计质量降低。公司现金流状况（CF）越好，操纵性应计利润绝对值越小，审计报告激进度越小，说明持续创造现金流入的公司，其公司制度可能更健全，财务报表的可靠性相对较高，审计难度小，审计质量越高。相比民营企业，国有企业（Soe）的操纵性应计利润绝对值越小，审计质量越好。综上所述，上述变量均在不同程度上影响审计质量，系数的符号与已有文献研究结论基本吻合。

（2）"业务合签"总分所审计师搭档合作经验对审计质量的影响

表5-5列示了总分所审计师搭档合作经验对审计质量影响的多元回归结果。表5-5第（1）列和第（2）列报告了未控制年度和行业固定效应的结果，第（3）列和第（4）列报告了控制年度和行业固定效应的结果。

结果表明：无论是否控制年度和行业固定效应，以操纵性应计利润的绝对值（AbsDA）作为审计质量的替代测度，"业务合签"总分所审计师搭档合作经验（CCop）的回归系数均在5%的水平上显著为负；以审计报告激进度（ARA）作为审计质量的替代测度，"业务合签"搭档合作经验（CCop）的回归系数均在1%的水平上显著为负。这表明在"业务合签"样本中，总分所审计师搭档合作经验与以修正琼斯模型估算的操纵性应计利润的绝对值和审计报告激进度负相关。即在"业务合签"模式下，总分所审计师搭档合作经验越少，审计质量越差。同时，由前文描述性统计可知，"业务合签"搭档是初次合作的占比49.176%，仅有少量（小于3）合作的占比31.868%，说明在"业务合签"样本中，多数审计搭档为初次或仅有较少的合作，双方缺乏深入的合作与磨合，彼此间积累的合作经验较少，这支持了本章假设5-2。其可能的解释是：由于"业务合签"团队中绝大多数的搭档首次或仅有少量合作，双方合作不够稳定，因而未能建立起深度有效的沟通机制，可能造成信息在传递和处理过程中出现扭曲或"时滞"现象，导致复核过程流于形式，不能有效地发现并纠正可能存在的错误和遗漏，进而无法保证审计质量，这与本章假设5-2的理论推导相符。

表5-5 "业务合签"总分所审计师搭档合作经验与审计质量

变量名称	(1) AbsDA	(2) ARA	(3) AbsDA	(4) ARA
CCop	-0.003** (-2.225)	-0.009*** (-2.822)	-0.003** (-2.027)	-0.010*** (-3.168)
Size	-0.007** (-2.135)	-0.007 (-1.029)	-0.004** (-2.245)	-0.008 (-1.133)
Debt	0.069** (2.547)	0.133** (2.344)	0.094*** (3.134)	0.192*** (3.232)
Liq	0.004** (2.165)	0.001 (0.178)	0.006*** (2.928)	0.007* (1.671)

续表

变量名称	(1) AbsDA	(2) ARA	(3) AbsDA	(4) ARA
CF	0.047	0.003	0.019	-0.068
	(1.057)	(0.032)	(0.419)	(-0.742)
Roa	0.125	0.111	0.108	-0.010
	(0.977)	(0.413)	(0.786)	(-0.036)
MF	-0.001	-0.001	0.012	0.021
	(-0.490)	(-0.615)	(1.166)	(1.006)
Roi	0.001	-0.001	0.001	0.001
	(0.676)	(-0.022)	(0.475)	(0.365)
Imp	0.011	-0.010	0.016	-0.010
	(0.698)	(-0.281)	(0.947)	(-0.313)
Exp	-0.001	0.003	-0.001	0.004
	(-0.852)	(1.253)	(-0.887)	(1.397)
Roe	-0.024	-0.467***	-0.008	-0.337***
	(-0.396)	(-3.722)	(-0.122)	(-2.655)
TQ	0.001	0.024***	0.002	0.022***
	(0.267)	(4.048)	(0.705)	(3.603)
Ito	-0.001	-0.001	-0.001	-0.001
	(-0.543)	(-0.174)	(-0.826)	(-0.658)
Ser	0.113***	0.265***	0.094**	0.233***
	(2.847)	(3.185)	(2.165)	(2.721)
Soe	0.009	0.015	0.003	-0.009
	(1.048)	(0.781)	(0.327)	(-0.471)
$Constant$	0.181**	-0.190	0.168**	-0.127
	(2.487)	(-1.243)	(2.057)	(-0.788)
Year/Ind	No	No	Yes	Yes
Adj_R^2	0.114	0.274	0.196	0.418
N	364	364	364	364

注：括号内为 t 值，***、** 和 * 分别表示在1%、5%和10%的水平上显著。

(3)"业务合签"分所审计师相对决策权对审计质量的影响

表5-6列示了"业务合签"分所审计师相对决策权对审计质量影响的多元回归结果。其中,第(1)列和第(2)列报告了未控制年度和行业固定效应的结果,第(3)列和第(4)列则在控制年度和行业固定效应的基础上进行了回归分析。结果显示:无论是否控制年度和行业固定效应,以操纵性应计利润绝对值作为审计质量的替代测度,"业务合签"分所审计师相对决策权($CDec$)的回归系数分别在1%和5%的水平上显著为正;以审计报告激进度(ARA)作为审计质量的替代测度,"业务合签"分所审计师相对决策权($CDec$)的回归系数均在5%的水平上显著为正。上述结果表明,在"业务合签"样本中,较之总所审计师,如果分所审计师拥有更高的相对决策权,企业的操纵性应计利润的绝对值更大,审计报告激进度也更高,审计质量下降。同时,由前文描述性统计可知,在"业务合签"模式下,分所审计师拥有更多相对决策权的情况占比78.846%,占据样本多数,支持了本章假设5-3。

表5-6　"业务合签"分所审计师相对决策权与审计质量

变量名称	(1) $AbsDA$	(2) ARA	(3) $AbsDA$	(4) ARA
$CDec$	0.001*** (2.827)	0.001** (2.29)	0.001** (2.519)	0.001** (2.163)
$Size$	-0.003 (-0.980)	-0.003* (-1.737)	-0.001 (-1.099)	-0.005* (-1.655)
$Debt$	0.038* (1.702)	0.073*** (3.172)	0.028 (1.127)	0.084*** (3.475)
Liq	0.001 (0.619)	0.002 (0.699)	-0.001 (-0.137)	0.001 (0.478)
CF	-0.065 (-1.480)	-0.019 (-0.420)	-0.045 (-0.993)	-0.026 (-0.585)
Roa	-0.031 (-0.240)	-0.368*** (-2.794)	-0.035 (-0.258)	-0.287** (-2.124)

续表

变量名称	（1） AbsDA	（2） ARA	（3） AbsDA	（4） ARA
MF	0.012 (0.243)	0.031 (0.633)	0.075 (1.309)	0.088 (1.560)
Roi	0.001 (0.365)	0.002** (2.370)	0.001 (0.227)	0.002** (2.532)
Imp	-0.013 (-1.077)	-0.022* (-1.708)	-0.014 (-1.109)	-0.020 (-1.616)
Exp	0.001 (0.482)	0.001 (0.645)	0.001 (0.119)	-0.001 (-0.058)
Roe	0.054 (0.932)	0.105* (1.762)	0.051 (0.835)	0.128** (2.145)
TQ	0.003 (0.989)	0.005* (1.789)	0.005 (1.581)	0.003 (1.120)
Ito	0.001 (0.253)	0.001 (0.197)	0.001 (1.265)	-0.001 (-0.082)
Ser	-0.015 (-0.392)	-0.034 (-0.845)	-0.057 (-1.365)	-0.037 (-0.909)
Soe	-0.003 (-0.351)	-0.002 (-0.314)	-0.002 (-0.229)	-0.004 (-0.560)
Constant	0.095 (1.418)	0.065 (0.949)	0.093 (1.254)	0.190*** (2.606)
Year/Ind	No	No	Yes	Yes
Adj_R²	0.182	0.395	0.167	0.303
N	364	364	364	364

注：括号内为 t 值，***、**和*分别表示在1%、5%和10%的水平上显著。

其可能的解释是：在"业务合签"模式下，一方面，作为首位签字师的分所审计师可能凭借其优于总所审计师的丰富审计经验及其在审计行业中的权威性，妨碍总所审计师发表意见，形成分所审计师"一言堂"现象，阻碍"同侪监督效应"发挥效用。另一方面，受地域偏向与客户关系的影响，分所审计师可能更倾向于迎合客户需求并获取经济利益，进而在一定程度上向客户妥协，牺牲业务质量，这与假设 5-3 的理论推导相符。

5.4 稳健性分析

5.4.1 考虑首位签字审计师来自总所的样本

主测试中，为保证严格筛选出分所样本，剔除了首位签字审计师来自总所的样本。在本节的稳健性测试中，将保留这一部分样本，共计 301 个，并且同样将其视为分所业务的样本，合并作为"业务合签"样本（$CSign-all$）参与回归。此外，为更好地区分，本章将首位签字审计师来自分所，第二签字审计师来自总所的"业务合签"样本，即主回归中的样本，设置为 $CSign-1$；将首位签字审计师来自总所，第二签字审计师来自分所的"业务合签"样本，即稳健性测试中纳入的样本，设置为 $CSign-2$。

表 5-7 第（1）列和第（2）列汇报了"合并业务合签"样本的回归结果，第（3）列和第（4）列列示了区分"业务合签"样本的回归结果，结果显示：以操纵性应计利润绝对值（$AbsDA$）、审计报告激进度（ARA）作为审计质量的替代测度，"合并业务合签"样本（$CSign-all$）的回归系数分别在 1% 和 5% 的水平上显著为正，研究结论与主测试一致；进一步区分"业务合签"样本，首位签字审计师来自分所，第二签字审计师来自总所的"业务合签"样本（$CSign-1$）的回归系数分别在 1% 和 5% 的水平上显著为正；首位签字审计师来自总所，第二签字审计师来自分所的"业务合签"样本（$CSign-2$）的回归系数也显示为正，研究结论依然稳健。

表 5-7　保留并进一步区分首位签字审计师来自总所样本

变量名称	(1) AbsDA	(2) ARA	(3) AbsDA	(4) ARA
CSign-all	0.004*** (2.618)	0.005** (2.377)		
CSign-1			0.009*** (3.775)	0.008** (2.323)
CSign-2			0.001 (0.072)	0.002 (0.698)
Size	-0.003*** (-5.381)	-0.014*** (-23.021)	-0.003*** (-5.480)	-0.016*** (-23.579)
Debt	0.030*** (8.848)	0.145*** (32.631)	0.033*** (8.988)	0.154*** (30.286)
Liq	-0.001 (-0.349)	0.001** (2.570)	0.001*** (2.602)	0.001** (2.300)
CF	-0.040*** (-5.756)	-0.004 (-0.408)	-0.023*** (-3.092)	-0.014 (-1.344)
Roa	0.037*** (2.588)	0.050*** (2.666)	0.028* (1.877)	0.060*** (2.918)
MF	-0.021*** (-2.641)	0.124*** (11.779)	-0.022*** (-2.647)	0.124*** (10.595)
Roi	0.001 (0.360)	0.001*** (3.143)	0.001 (0.319)	0.001*** (3.161)
Imp	-0.004** (-2.415)	0.008*** (3.503)	-0.007*** (-3.722)	0.014*** (5.514)
Exp	-0.001 (-0.065)	-0.001* (-1.705)	-0.001 (-1.636)	0.001 (0.080)
Roe	0.005 (0.861)	-0.044*** (-5.565)	0.007 (1.072)	-0.039*** (-4.557)
TQ	0.003*** (8.712)	0.002*** (5.594)	0.003*** (8.959)	0.003*** (6.826)
Ito	0.001*** (2.592)	0.001 (1.443)	0.001*** (2.963)	0.001 (1.449)

续表

变量名称	(1) AbsDA	(2) ARA	(3) AbsDA	(4) ARA
Ser	−0.009* (−1.945)	−0.019*** (−3.052)	−0.011** (−2.171)	−0.022*** (−2.967)
Soe	−0.004*** (−3.855)	0.014*** (11.046)	−0.003*** (−3.430)	0.014*** (9.782)
Constant	0.091*** (8.613)	0.280*** (20.351)	0.095*** (8.605)	0.319*** (20.520)
Year/Ind	Yes	Yes	Yes	Yes
Adj_R^2	0.052	0.260	0.057	0.211
N	11653	11653	11653	11653

注：括号内为 t 值，***、**和*分别表示在1%、5%和10%的水平上显著。

表 5–8 中列（1）—列（4）报告了保留首位签字审计师来自总所样本的回归结果，结果显示：以操纵性应计利润的绝对值（AbsDA）和审计报告激进度（ARA）作为审计质量的替代测度，在"合并业务合签"样本（CSign – all）中，总分所审计师搭档合作经验（CCop）的回归系数分别在5%和1%的水平上显著为负；分所审计师相对决策权（CDec）的回归系数分别在1%和5%的水平上显著为正，研究结论依旧稳健。说明将首位签字审计师来自总所的样本直接纳入"业务合签"样本（CSign – all）中不加以区分时，假设5–2和假设5–3回归结果依旧与主测试保持一致。

表 5–8　假设 5–2 和假设 5–3 保留首位签字审计师来自总所样本

变量名称	(1) AbsDA	(2) ARA	(3) AbsDA	(4) ARA
CCop	−0.003** (−1.992)	−0.011*** (−3.254)		
CDec			0.001*** (3.531)	0.001** (2.118)
Size	−0.007** (−2.278)	−0.010 (−1.412)	−0.001 (−0.463)	−0.005** (−2.421)

续表

变量名称	(1) AbsDA	(2) ARA	(3) AbsDA	(4) ARA
Debt	0.049* (1.858)	0.215*** (3.601)	0.028* (1.738)	0.085*** (4.904)
Liq	0.003* (1.782)	0.008* (1.869)	0.002 (1.256)	0.001 (0.621)
CF	−0.012 (−0.279)	−0.051 (−0.542)	−0.061** (−1.994)	−0.015 (−0.462)
Roa	0.094 (0.780)	0.122 (0.444)	−0.144* (−1.666)	−0.260*** (−2.769)
MF	−0.001 (−0.467)	0.025 (1.187)	0.006 (0.176)	0.034 (0.847)
Roi	0.001 (0.746)	0.001 (0.346)	0.001 (1.163)	0.002*** (2.808)
Imp	0.018 (1.165)	−0.022 (−0.656)	−0.012 (−1.583)	−0.017** (−2.043)
Exp	−0.001 (−0.135)	0.004 (1.492)	−0.001 (−0.774)	0.001 (0.188)
Roe	−0.001 (−0.004)	−0.395*** (−3.083)	0.100** (2.435)	0.109** (2.430)
TQ	0.002 (0.622)	0.019*** (2.939)	0.005*** (3.490)	0.003* (1.897)
Ito	−0.001 (−0.467)	−0.001 (−0.722)	0.001 (0.900)	−0.001 (−0.065)
Ser	0.100*** (2.659)	0.288*** (3.280)	−0.038* (−1.674)	0.001 (0.005)
Soe	0.009 (1.062)	−0.011 (−0.560)	0.003 (0.599)	0.003 (0.650)
Constant	0.187*** (2.673)	−0.180 (−1.098)	0.049 (1.051)	0.202*** (3.970)
Year/Ind	Yes	Yes	Yes	Yes
Adj_R^2	0.207	0.411	0.109	0.213
N	665	665	665	665

注：括号内为 t 值，***、**和*分别表示在1%、5%和10%的水平上显著。

5.4.2 剔除不同分所合作样本

在本章的主回归分析中,基于事务所内部业务分配和责任归属原则,样本涵盖了不同分所开展的合作业务,并将其同样视为分所审计师的审计业务。然而,考虑到不同分所审计师可能在审计性质和质量方面存在差异,本部分将剔除这部分样本重新进行检验,以进一步验证研究结论的稳健性。不同分所合作业务大体上涵盖以下 5 种情况:①同一省份下的省级分所与市级分所组成,比如,毕马威华振广东分所 + 毕马威华振深圳分所;②同一省份下的不同市级分所组成,比如,安永华明青岛分所 + 安永华明济南分所;③相连省份下的分所组成,比如,天职国际浙江分所 + 天职国际上海分所;④非相连省份分所组成,北上广分所或区域性总部或原总部或被合并前的总部 + 其他分所,比如,天健北京分所 + 天健湖南分所;⑤不相连省份分所组成,可能是因为客户的业务分布所导致,比如,大信广东分所 + 大信山东分所。诸如此类的样本共计 781 个,占总样本的 6.879%。稳健性检验结果如表 5 - 9 所示,结果显示,在剔除上述样本后,研究结论仍然与前文保持一致。

表 5 - 9　　　　　　　剔除不同分所合作样本

变量名称	(1) AbsDA	(2) ARA	(3) AbsDA	(4) ARA
CSign	0.004 **	0.007 **	0.004 ***	0.005 **
	(2.287)	(2.23)	(2.618)	(2.377)
Size	-0.002 ***	-0.014 ***	-0.003 ***	-0.014 ***
	(-4.081)	(-22.613)	(-5.381)	(-23.021)
Debt	0.037 ***	0.135 ***	0.030 ***	0.145 ***
	(11.061)	(30.950)	(8.848)	(32.631)
Liq	0.001	0.001 *	-0.001	0.001 **
	(1.357)	(1.768)	(-0.349)	(2.570)

续表

变量名称	(1) AbsDA	(2) ARA	(3) AbsDA	(4) ARA
CF	-0.047***	0.004	-0.040***	-0.004
	(-6.845)	(0.471)	(-5.756)	(-0.408)
Roa	0.037***	0.037*	0.037***	0.050***
	(2.577)	(1.919)	(2.588)	(2.666)
MF	-0.020***	0.087***	-0.021***	0.124***
	(-2.696)	(8.650)	(-2.641)	(11.779)
Roi	0.001	0.001**	0.001	0.001***
	(0.630)	(2.474)	(0.360)	(3.143)
Imp	-0.004**	0.010***	-0.004**	0.008***
	(-2.365)	(4.309)	(-2.415)	(3.503)
Exp	-0.001	-0.001	-0.001	-0.001*
	(-0.085)	(-0.724)	(-0.065)	(-1.705)
Roe	0.006	-0.049***	0.005	-0.044***
	(1.001)	(-6.045)	(0.861)	(-5.565)
TQ	0.002***	0.003***	0.003***	0.002***
	(8.082)	(6.802)	(8.712)	(5.594)
Ito	0.001**	0.001	0.001***	0.001
	(2.047)	(0.433)	(2.592)	(1.443)
Ser	-0.006	-0.007	-0.009*	-0.019***
	(-1.293)	(-1.158)	(-1.945)	(-3.052)
Soe	-0.005***	0.015***	-0.004***	0.014***
	(-5.050)	(11.333)	(-3.855)	(11.046)
$Constant$	0.072***	0.260***	0.091***	0.280***
	(7.281)	(20.093)	(8.613)	(20.351)
Year/Ind	No	No	Yes	Yes
Adj_R^2	0.032	0.179	0.056	0.220
N	10571	10571	10571	10571

注：括号内为 t 值，***、** 和 * 分别表示在1%、5%和10%的水平上显著。

5.4.3　审计质量的替代测度

鉴于审计质量难以直接量化评估，在考虑以修正琼斯模型计算的操纵性应计利润绝对值以及审计报告激进度作为审计质量指标的基础上，为保证研究的严谨性，本部分借鉴 Chen 等（2011）研究经验，采用经过审计的财务报告信息质量作为审计质量的替代测度，记为 Frq，其具体计算方法是：首先，按照行业及年度对式（5-6）、式（5-7）和式（5-8）进行回归并提取回归残差，残差值即为操纵性应计利润，其中，CFL_{t-1} 表示经营活动现金流量，其他变量界定与前文一致；其次，分别将三类操纵性应计利润的绝对值乘以 -1 并且进行标准化处理，最后，取三者的平均值，得到最终的 Frq 指标。该指标的值越大，表明经审计的财务报告信息质量越高，审计质量也就越高。

$$\frac{TA_{i,t}}{A_{i,t-1}} = \alpha_1 \frac{1}{A_{i,t-1}} + \alpha_2 \frac{\Delta SALES_{i,t} - \Delta AR_{i,t}}{A_{i,t-1}} + \alpha_3 \frac{PPE_{i,t}}{A_{i,t-1}} + \alpha_4 ROA_{i,t} + \varepsilon_{i,t}$$

式（5-6）

$$\frac{TA_{i,t}}{A_{i,t-1}} = \theta_1 \frac{1}{A_{i,t-1}} + \theta_2 \frac{\Delta SALES_{i,t} - \Delta AR_{i,t}}{A_{i,t-1}} + \theta_3 \frac{PPE_{i,t}}{A_{i,t-1}} + \chi_{i,t} \quad \text{式（5-7）}$$

$$\frac{TA_{i,t}}{A_{i,t-1}} = \psi_1 \frac{CFL_{i,t-1}}{A_{i,t-1}} + \psi_2 \frac{CFL_{i,t}}{A_{i,t-1}} + \psi_3 \frac{CFL_{i,t+1}}{A_{i,t-1}} + \psi_4 \frac{\Delta SALES_{i,t}}{A_{i,t-1}} + \psi_5 \frac{PPE_{i,t}}{A_{i,t-1}} + \omega_{i,t}$$

式（5-8）

表 5-10 报告了以财务报告信息质量（Frq）作为审计质量的替代测度的回归结果，由于其计算过程涉及财务指标较多，故部分指标数据缺失导致样本量有所减少。第（1）列显示总分所审计师"业务合签"（$CSign$）在 5% 的水平上显著为负，说明较之分所审计师审计业务，采用总分所审计师"业务合签"模式会导致审计质量下降；第（2）列显示在"业务合签"模式下，总分所审计师搭档合作经验（$CCop$）与审计质量的替代测度指标财务报告质量（Frq）在 1% 的水平上显著为正。这代表"业务合签"模式下，搭档合作经验越少，"合签业务"审计质量越差；第（3）列显示

以财务报告信息质量（Frq）作为审计质量的替代测度，"业务合签"分所审计师相对决策权在1%的水平上显著为负。这说明，在"业务合签"模式下，较之总所审计师，分所审计师拥有越多的相对决策权，"合签业务"审计质量越差。总体而言，上述回归结果均与主回归结论保持一致，研究结论稳健。

表5-10　关键变量的替代测度：财务报告信息质量

变量名称	(1) Frq	(2) Frq	(3) Frq
CSign	-0.092** (-2.045)		
CCop		0.015*** (2.844)	
CDec			-0.005*** (-2.803)
Size	0.036*** (3.706)	0.017 (1.258)	0.030 (1.579)
Debt	-0.528*** (-7.556)	-0.116 (-1.142)	-0.177 (-1.151)
Liq	-0.012** (-2.038)	-0.001 (-0.088)	-0.004 (-0.254)
CF	0.451*** (3.068)	-0.039 (-0.197)	0.123 (0.438)
Roa	-1.102*** (-3.632)	-0.097 (-0.176)	-1.125 (-1.367)
MF	-0.086 (-0.568)	0.114 (0.794)	0.166 (0.460)
Roi	-0.001 (-0.377)	-0.001 (-0.318)	0.005 (0.969)
Imp	0.054 (1.464)	0.057 (1.073)	0.003 (0.041)

续表

变量名称	(1) Frq	(2) Frq	(3) Frq
Exp	0.001	0.003	0.003
	(0.812)	(0.566)	(0.473)
Roe	0.398***	0.086	0.542
	(2.997)	(0.361)	(1.492)
TQ	−0.048***	−0.002	−0.068***
	(−7.711)	(−0.179)	(−3.422)
Ito	0.001	0.001	0.001
	(0.345)	(1.207)	(0.223)
Ser	0.162*	0.125	0.778***
	(1.707)	(0.640)	(2.717)
Soe	0.124***	0.028	0.014
	(6.180)	(0.906)	(0.300)
Constant	−0.476**	−0.393	−0.605
	(−2.181)	(−1.290)	(−1.317)
Year/Ind	Yes	Yes	Yes
Adj_R^2	0.055	0.120	0.259
N	10977	338	338

注：括号内为 t 值，***、** 和 * 分别表示在 1%、5% 和 10% 的水平上显著。

5.4.4 考虑内生性问题

本章关于总分所审计师"业务合签"对审计质量影响的研究可能存在内生性问题。主要原因有二：

其一，是审计质量本身的问题可能导致事务所采取总分所审计师"业务合签"，而非"业务合签"直接导致审计质量下降。例如，对于高风险、复杂度高的客户或项目，事务所可能会主动采用总分所审计师"业务合签"这一模式，以期加强审计力量和质量控制，可能存在内生性问题。其

二、选择性偏误。审计团队的组成和搭档间的合作经验可能是非随机决定的。事务所在分配审计任务时可能会根据项目复杂度、风险水平等因素有目的地选择不同经验背景和合作关系的审计师搭档,这可能导致搭档合作经验本身就与审计质量有关联。为缓解上述原因可能导致的内生问题,本章采用HECKMAN两阶段模型和倾向得分匹配法(PSM)进行稳健性分析。通过这样的方法可以尽量消除潜在的内生性影响,从而更准确地评估"业务合签"对审计质量影响的实际效应。

(1)HECKMAN两阶段

为缓解上述原因可能导致的内生问题,本章借鉴Gul等(2013)研究经验,构建HECKMAN两阶段模型,缓解自选择问题。针对假设5-1,首先,在第一阶段模型中,以总分所审计师"业务合签"哑变量($CSign$)作为被解释变量进行Probit回归,并计算逆米尔斯比率$IMR1$;针对假设5-2和假设5-3,分别以"业务合签"总分所审计师搭档合作经验($CCop$)以及"业务合签"分所审计师相对决策权($CCop$)作为被解释变量,进行Probit回归,并得到逆米尔斯比率$IMR2$和$IMR3$。其次,在第二阶段,将上述逆米尔斯比率分别代入原模型重新进行回归。

表5-11和表5-12报告了考虑内生性问题的分析结果,因限于篇幅,均未列示HECKMAN第一阶段的回归结果。结果显示:经过上述步骤的测试,主要解释变量$CSign$、$CCop$、$CDec$的系数符号与主测试一致且仍然显著,表明研究结论依然稳健。

表5-11　　　　　　　HECKMAN两阶段——假设5-1

变量名称	(1)	(2)	(3)	(4)
	$AbsDA$	ARA	$AbsDA$	ARA
$CSign$	0.008***	0.006**	0.008***	0.008**
	(3.303)	(2.003)	(3.626)	(2.530)
$IMR1$	2.218***	0.986**	1.849***	1.039**
	(6.565)	(2.205)	(5.355)	(2.309)
$Size$	-0.097***	-0.030	-0.080***	-0.032
	(-6.431)	(-1.494)	(-5.181)	(-1.586)

续表

变量名称	(1) AbsDA	(2) ARA	(3) AbsDA	(4) ARA
$Debt$	−0.001	0.121***	−0.001	0.131***
	(−0.091)	(13.706)	(−0.012)	(14.839)
Liq	0.017***	0.008**	0.014***	0.009***
	(6.653)	(2.393)	(5.281)	(2.578)
CF	−0.651***	−0.264**	−0.544***	−0.286**
	(−7.058)	(−2.160)	(−5.767)	(−2.325)
Roa	−3.325***	−1.458**	−2.764***	−1.524**
	(−6.479)	(−2.148)	(−5.271)	(−2.231)
MF	2.225***	1.089**	1.850***	1.179**
	(6.510)	(2.408)	(5.296)	(2.590)
Roi	0.048***	0.022**	0.040***	0.023**
	(6.571)	(2.247)	(5.354)	(2.363)
Imp	0.006***	0.015***	0.004*	0.013***
	(2.683)	(4.847)	(1.890)	(4.360)
Exp	−0.003***	−0.001**	−0.002***	−0.002***
	(−6.339)	(−2.333)	(−5.202)	(−2.671)
Roe	1.339***	0.542**	1.116***	0.579**
	(6.583)	(2.016)	(5.369)	(2.137)
TQ	−0.041***	−0.017*	−0.034***	−0.018**
	(−6.213)	(−1.892)	(−4.983)	(−2.057)
Ito	0.001***	0.001**	0.001***	0.001**
	(6.771)	(2.235)	(5.671)	(2.503)
Ser	−1.265***	−0.569**	−1.060***	−0.612**
	(−6.592)	(−2.241)	(−5.399)	(−2.394)
Soe	−0.040***	−0.001	−0.033***	−0.002
	(−7.360)	(−0.118)	(−5.962)	(−0.249)
$Constant$	−7.062***	−2.905**	−5.855***	−3.057**
	(−6.498)	(−2.020)	(−5.270)	(−2.112)
Year/Ind	No	No	Yes	Yes
Adj_R^2	0.035	0.179	0.056	0.221
N	11352	11352	11352	11352

注：括号内为 t 值，***、**和*分别表示在1%、5%和10%的水平上显著。

表 5–12　　　　HECKMAN 两阶段——假设 5–2 和假设 5–3

变量名称	(1) AbsDA	(2) ARA	(3) AbsDA	(4) ARA
$CCop$	-0.003 *	-0.013 ***		
	(-1.959)	(-3.811)		
$CDec$			0.001 **	0.001 **
			(2.470)	(2.366)
$IMR2$	-0.017	0.096 **		
	(-0.704)	(2.021)		
$IMR3$			0.001	-0.009 **
			(0.300)	(-2.118)
$Size$	-0.004 *	-0.015 *	-0.001 **	-0.007 **
	(-1.681)	(-1.935)	(-2.231)	(-2.081)
$Debt$	0.092 ***	0.202 ***	0.028	0.077 ***
	(3.095)	(3.486)	(1.113)	(3.173)
Liq	0.007 ***	0.007	-0.001	0.001
	(3.115)	(1.629)	(-0.191)	(0.191)
CF	0.010	-0.049	-0.047	-0.031
	(0.211)	(-0.552)	(-1.012)	(-0.683)
Roa	0.077	0.046	-0.043	-0.253 *
	(0.587)	(0.181)	(-0.309)	(-1.868)
MF	0.014	0.018	0.071	0.099 *
	(1.321)	(0.852)	(1.236)	(1.758)
Roi	0.001	0.001	0.001	0.003 ***
	(0.476)	(0.315)	(0.016)	(3.324)
Imp	0.020	-0.051	-0.015	-0.014
	(1.045)	(-1.377)	(-1.176)	(-1.119)
Exp	-0.002	0.007 **	0.001	-0.001
	(-1.272)	(2.285)	(0.179)	(-1.051)
Roe	0.021	-0.394 ***	0.051	0.116 *
	(0.354)	(-3.404)	(0.844)	(1.958)
TQ	0.003	0.022 ***	0.006 *	0.002
	(0.876)	(3.602)	(1.745)	(0.663)

续表

变量名称	(1) AbsDA	(2) ARA	(3) AbsDA	(4) ARA
Ito	-0.001	-0.001	0.001	0.001
	(-0.833)	(-0.722)	(1.190)	(0.261)
Ser	0.078*	0.243***	-0.061	-0.027
	(1.948)	(3.084)	(-1.437)	(-0.663)
Soe	0.006	-0.028	-0.002	-0.001
	(0.609)	(-1.422)	(-0.251)	(-0.055)
$Constant$	0.164*	-0.271	0.083	0.238***
	(1.896)	(-1.595)	(1.063)	(3.147)
$Year/Ind$	Yes	Yes	Yes	Yes
Adj_R^2	0.205	0.432	0.166	0.313
N	364	364	364	364

注：括号内为 t 值，***、** 和 * 分别表示在1%、5%和10%的水平上显著。

（2）倾向得分匹配法（PSM）

本章将采用了总分所审计师"业务合签"的样本设置为实验组，没有采用该种模式的样本设置为对照组，基于所用公司层面以及审计师个人层面控制变量进行1:1最近邻匹配，匹配后的平衡性检验结果良好。表5-13报告了倾向得分匹配法的结果，与没有采用"业务合签"的样本（即分所内部审计师合作样本）相比，采用总分所审计师"业务合签"模式的审计质量更低，结论与前文一致。

表5-13　　　　　　　　倾向得分匹配法

变量名称	实验组	对照组	差异	T值
AbsDA	0.053	0.045	0.007	2.96
ARA	0.038	0.031	0.007	2.23

5.5 本章小结

会计师事务所内部治理对审计质量具有重要影响,但是,由于有关事务所内部治理的数据很少公开披露,事务所内部仍然是个"黑箱子"。特别是在分所签字审计师配置这一领域,现有实证研究十分缺乏。本章基于事务所内部治理视角,选取 2017—2022 年由分所负责审计的 A 股上市公司为样本,考察总分所审计师"业务合签"模式对审计质量的影响机制,并进一步分析在"业务合签"模式下,总分所审计师搭档合作经验、分所审计师相对决策权对审计质量的影响。本章主要得出以下研究结论:①相比分所审计师审计业务,采用总分所审计师"业务合签"模式,审计质量显著降低,具体表现为操纵性应计利润绝对值增大且审计报告激进度增高。②进一步研究表明:在"业务合签"模式下,一是总分所审计师搭档合作经验越少,"合签"业务的审计质量越差;二是较之总所审计师,分所审计师在团队中拥有更多的相对决策权,"合签"业务的审计质量越差。③为保证研究的严谨性,本章还进行了考虑被解释变量的替代测度、采用 HECKMAN 两阶段方法、采用倾向得分匹配法、保留第一签字审计师来自总所样本、剔除不同分所合作样本等一系列稳健性测试,研究结论依然稳健。综上所述,本章既从理论上拓展了会计师事务所内部治理的相关研究,丰富了审计质量的影响因素,形成了对现有文献的推进与补充,也在实务中为我国会计师事务所完善内部质控机制,实现"做强做优"与"做精做专"的目标提供了经验证据。

聚焦于我国事务所内部治理背景和审计监管环境,基于事务所内部治理视角,考察总分所审计师"业务合签"影响审计质量的具体路径及其内在机制,并进一步分析在"业务合签"模式下,总分所审计师搭档合作经验、分所审计师相对决策权对审计质量的影响。根据实证结果和研究结论，从以下几个方面提出政策建议：①学术界应充分挖掘事务所采用"业务合签"模式这一行为背后的信息含量，关注总分所合作执行审计任务时共同签字的责任分配、信息传递及质量控制流程，从而验证和构建更为有效的一体化治理机制。②会计师事务所在指导安排"业务合签"项目时，应当鼓励审计团队间建立长期稳定的合作关系，同时优化决策流程，确保重大审计决策经过多方专业、独立判断，降低单一角色对审计质量的影响，以提高审计工作的质量和效率。③行业协会应当加强跨地域审计师培训交流。面对跨地区、跨文化沟通协作的难题，行业协会应积极推动各事务所定期举办专业知识更新研讨会以及实践经验分享活动，通过搭建有效的沟通桥梁，减少因地域差异带来的审计执行标准不一和质量波动问题。④证券监管部门亟须深化审计签字权分配细则，明确规定采用总分所审计师"业务合签"模式时，各自应承担的法律责任界限与执行义务的标准。同时，敦促会计师事务所在年报及公开信息环节充实有关总分所协作详情及审计质量管控的具体措施，从而便于监管机构精准衡量和有效监控总分所间业务协同对审计质量产生的实际影响。

附 录

本书围绕会计师事务所分所运营管理问题展开研究，在撰写过程中，重点参考了财政部及中国注册会计师协会发布的一系列制度文件，具体包括（但不限于）：《会计师事务所分所审批管理暂行办法》《会计师事务所（分所）执业证书管理办法》《会计师事务所分所管理暂行办法》《会计师事务所一体化管理办法》《会计师事务所监督检查办法》等。

一、《会计师事务所分所审批管理暂行办法》

财协字〔2000〕28号

第一条 为了规范会计师事务所分所的设立和管理，根据《中华人民共和国注册会计师法》等有关法律、法规的规定，制定本办法。

第二条 本办法所称分所，是指因业务发展需要，由会计师事务所（以下简称"事务所"）在其所在市、县以外的地区发起设立的从事经营活动的非独立法人的业务机构。

第三条 分所以事务所名义对外执行业务，事务所对分所的业务活动和债务承担法律责任。

第四条 分所可以在事务所所在地省级行政区内设立，也可以跨省级行政区设立，但不得在事务所所在市（城区）、县设立分所。

第五条 事务所设立分所，须经分所所在地省、自治区、直辖市人民政府财政部门（以下简称"省级财政机关"）批准，具体审批工作由分所所在地省、自治区、直辖市注册会计师协会（以下简称"省级注册会计师协会"）办理。

除申请设立分所外，事务所不得以其他方式设立其他形式的分支机构。

第六条 跨省级行政区设立分所的事务所必须符合下列条件：

（一）事务所依法成立并执业 3 年以上，内部机构及管理制度健全；

（二）在分所所在地有一定数量的固定客户；

（三）有限责任事务所的注册资本应当在 200 万元以上；合伙事务所的净资产应当在 100 万元以上；

（四）从业人员 80 人以上，其中包括 40 名以上的注册会计师，60 周岁以内的注册会计师不少于 30 名；

（五）上一年度业务收入达 800 万元以上；

（六）在以往两年经营活动中没有因违反执业准则、规则及其他法律、法规受到行政处罚。

在省级行政区内设立分所的，事务所条件由各省级财政机关规定。

第七条 分所名称统一采用"事务所名称＋分所所在地地名＋分所"的称谓。一个分所只能使用一个名称。

第八条 事务所跨省级行政区设立的分所必须符合下列条件：

（一）有 10 名以上 60 周岁以内的从业人员，其中包括 5 名以上注册会计师；

（二）有一定数额的营运资金（由事务所提供）；

（三）有固定的办公场所和必要的设施。

在省级行政区内设立分所的，其分所条件由各省级财政机关规定。

第九条 事务所跨省级行政区设立分所，应向事务所所在地省级注册会计师协会提供符合本办法第六条规定的材料。

省级注册会计师协会在接到事务所跨省级行政区设立分所的有关材料后，应在10日内为其出具有关证明文件。

第十条 事务所设立分所，应向分所所在地省级注册会计师协会提出申请报告，并附送下列材料：

（一）事务所的章程；

（二）事务所上一年度经审计的会计报表及审计报告；

（三）事务所注册会计师及其他从业人员名单；

（四）分所负责人人选、简历及有关证明；

（五）事务所对分所的管理办法；

（六）分所的注册会计师、从业人员的名单、简历及注册会计师证书复印件、身份证复印件及有效的人事档案证明材料；

（七）分所办公场所证明和资金证明；

（八）分所所在地客户名单。

跨省级行政区设立分所的，应当同时提供事务所所在地省级注册会计师协会出具的有关证明文件。

第十一条 省级财政机关应当自省级注册会计师协会收到申请报告之日起30日内决定批准或者不批准。省级注册会计师协会收到申请报告后，应当及时审查，并提出意见，报省级财政机关主管厅（局）长。

事务所申请报告所附材料不齐全的，省级注册会计师协会应当及时退回，并通知事务所补充。

事务所提出设立分所的申请后，审批机关超过审批期限未受理或者不予批准，且无正当理由的，事务所可以提出行政复议或者向中国注册会计师协会申诉。

第十二条 省级财政机关批准设立分所，应当由省级注册会计师协会向中国注册会计师协会备案。中国注册会计师协会发现审批不当的，应当及时报告财政部主管部长，由财政部主管部长自中国注册会计师协会收到备案文件之日起30日内决定是否应通知原审批机关重新审查。

第十三条 事务所应当在接到省级财政机关批准文件之日起20日内，到分所所在地省级注册会计师协会领取由财政部统一印制的会计师事务所分所执业证书，并按照国家有关规定办理有关登记手续。

第十四条 分所是事务所的派出机构，其人事、财务、执业标准、质量控制、人员培训等方面接受事务所的统一管理。分所应当制定相应的内部管理制度。

分所负责人由事务所任免并报分所所在地省级注册会计师协会备案。

第十五条 分所向所在地省级注册会计师协会上交会费并接受其日常管理。

分所的注册会计师的注册、转所、年检、培训等事项，由事务所向分所所在地省级注册会计师协会申请办理。

第十六条 分所不得有下列行为：

（一）设立半年后未开展业务活动；

（二）以不正当手段争揽业务；

（三）内部控制制度不严，出现严重质量问题；

（四）以个人名义或以分所名义对外签订业务约定书、出具业务报告、收取业务收入；

（五）有《中华人民共和国注册会计师法》和行业管理制度规定的其他违法行为。

第十七条　分所的注册会计师应严格执行国家法律、法规；严格按《中华人民共和国注册会计师法》及行业执业准则、规则等规定执行业务。

第十八条　分所违反本办法第十六条规定的，由分所所在地省级财政机关给予警告，没收违法所得，可以并处违法所得一倍以上五倍以下的罚款；情节严重的，暂停其经营业务或者予以撤销。

分所的注册会计师违反《中华人民共和国注册会计师法》等有关规定，由分所所在地省级财政机关按照《中华人民共和国注册会计师法》及《违反注册会计师法处罚暂行办法》等有关规定进行处罚。

第十九条　省级财政机关对事务所跨省级行政区设立的分所的处罚，应当抄送事务所所在地省级财政机关和省级注册会计师协会；需要追究事务所相应责任的，应当提请事务所所在地省级财政机关依法处理。

第二十条　分所因停办、被吊销分所执业证书或其他原因终止时，应当办理有关手续。

事务所终止时，其分所应当同时终止，并办理有关手续。

第二十一条　各地在本办法发布之前已经设立的各种名称的分支机构，由各省级注册会计师协会按照本办法的规定进行规范。

第二十二条 涉外事务所设立分所的审批管理办法，另行制定。

财政部、中国注册会计师协会
2000 年 3 月 24 日

二、《会计师事务所（分所）执业证书管理办法》

财会〔2007〕5号

第一条 为规范会计师事务所（分所）执业证书管理，根据《中华人民共和国注册会计师法》《会计师事务所审批和监督暂行办法》（财政部令第24号）规定，制定本办法。

第二条 会计师事务所执业证书和会计师事务所分所执业证书（以下统称执业证书）由财政部统一印制，由审批机关发放。

第三条 执业证书不得伪造、涂改、出租、出借、转让。

第四条 会计师事务所执业证书记载事项包括：事务所名称、主任会计师姓名、办公场所、组织形式、事务所编号、注册资本（出资额）、批准设立文号、批准设立日期、发证机关、发证日期。

会计师事务所分所执业证书记载事项包括：分所名称、负责人、办公场所、分所编号、批准设立文号、批准设立日期、发证机关、发证日期。

执业证书中各记载事项必须由发证机关填写完整，"发证机关"处应加盖发证机关印章。记载不完整或者未加盖印章的，执业证书无效。

第五条 会计师事务所（分所）编号遵循全国统一编号规则。

会计师事务所跨省级行政区划迁移（以下简称跨省迁移），该所及其分所应重新编号。会计师事务所（分所）发生其他变更事项换发执业证书，或者因遗失补发执业证书，编号不变。

第六条 证书序号是每份执业证书唯一标识号，由财政部统一编列。发证机关发放执业证书时，应当记录所发证书序号。

会计师事务所执业证书序号范围为：000001～499999；会计师事务所分所执业证书序号范围为：500001～999999。

第七条 审批机关做出批准设立会计师事务所（分所）决定的，应当自决定之日起10个工作日内向申请人发放执业证书。

批准设立会计师事务所（分所）发放证书的，发证日期填批准设立日期。

第八条 会计师事务所（分所）根据《会计师事务所审批和监督暂行办法》（财政部令第24号）向原审批机关申请变更备案，变更事项涉及执业证书记载事项的，原审批机关应当自收到有关变更备案材料之日起3个工作日内换发执业证书。

变更备案发放证书的，发证日期填备案日期。

第九条 审批机关批准会计师事务所跨省迁移的，应当自决定之日起10个工作日内向申请人换发执业证书。

批准跨省迁移发放证书的，发证日期填批准迁移日期。

第十条 执业证书遗失的，会计师事务所（分所）应当在省级以上报刊和原审批机关指定网站上刊登遗失声明，申明证书作废。遗失声明应当标明遗失的证书序号。

会计师事务所（分所）应携带刊登遗失声明的报刊原件向原审批机关申请补发。原审批机关应当自收到申请之日起3个工作日内向申请人补发执业证书。

补发证书的，发证日期填决定补发证书日期。

第十一条 审批机关作出撤销会计师事务所（分所）、撤回会计师事务所（分所）设立许可决定的，应当通知会计师事务所（分所）限期交回执业证书。自作出撤销、撤回决定之日起，执业证书失效。

第十二条 会计师事务所（分所）因本办法第十一条规定以外的原因终止的，应当在向原审批机关报终止备案同时交回执业证书。

第十三条 审批机关应设专人管理执业证书，每次申领执业证书时，应对上次申领和使用情况进行说明。

第十四条 本办法自印发之日起施行。

财政部

2007 年 4 月 3 日

三、《会计师事务所分所管理暂行办法》

财会〔2010〕2号

第一章 总 则

第一条 为了加强会计师事务所分所管理,优化会计师事务所内部治理,提升会计师事务所竞争力和可持续发展能力,根据《中华人民共和国注册会计师法》、国务院办公厅转发财政部《关于加快发展我国注册会计师行业的若干意见》(国办发〔2009〕56号)等,制定本办法。

第二条 会计师事务所分所,是指会计师事务所因业务发展需要以该所名义设立从事注册会计师业务的非独立法人分支机构。

第三条 会计师事务所设立分所应当满足《会计师事务所审批和监督暂行办法》(财政部令第24号)第三章的要求。会计师事务所对分所的执业行为和债务承担法律责任。

注册会计师人数50人以上,年业务收入1000万元以上的会计师事务所,可以跨省级行政区域设立分所。

第四条 会计师事务所及其分所应当在人事、财务、业务、技术标准和信息管理等方面做到实质性的统一。

第二章　人员管理

第五条　会计师事务所应当制定和实施统一的人力资源管理制度，在全所范围内执行统一的人员聘用、定级、培训、考核、奖惩和退出等标准。

第六条　分所负责人应当由会计师事务所统一委派、监督和考核。分所人员接受会计师事务所的统一管理和调配。

根据统一的人力资源管理制度，经会计师事务所授权批准，分所可以独立办理中层以下一般员工的聘用、定级、培训、考核和奖惩等事宜，并报会计师事务所备案。

第七条　会计师事务所应当加强对分所人员诚信执业的教育培训，不断提高分所执业质量和水平。

第三章　财务管理

第八条　会计师事务所应当制定统一的财务政策和分配制度，对全所的业务收支、会计核算、利益分配、资金调度等进行统一管理与集中控制。

第九条　会计师事务所应当建立严格的财务预算管理制度，定期对分所财务预算执行情况进行考核。

第十条　分所收入、费用应当纳入会计师事务所统一核算，收益应当按照会计师事务所统一的分配制度进行分配。会计师事务所应当根据国家财政、价格主管部门的相关规定，以开展业务活动有效工时和执业人员职级等为基础，制定统一的收费政策，并结合分所的实际情况确定收费标准。

第十一条 会计师事务所应当统一购买职业责任保险或计提职业风险基金。

第四章 业务管理

第十二条 会计师事务所应当制定统一的业务管理制度，明确业务承接、执行等环节的规范要求，在全所范围内执行统一的业务风险评估和分类分级管理。

第十三条 会计师事务所应当根据所承接业务的性质、类别和特点，在全所范围内合理配置符合职业道德要求、具备专业胜任能力的人力资源，确保分所人力资源能够承接相应的业务。

第十四条 分所应当根据会计师事务所统一的业务管理制度，在授权范围内承接和承办业务，并报会计师事务所备案。

第五章 技术标准

第十五条 会计师事务所应当制定统一的执业标准和质量控制制度，加强执业活动全过程的质量控制和风险管理，通过培训、督导和检查等方式，切实做到执业标准和质量控制制度在全所范围内得到有效执行。

第十六条 会计师事务所应当加强对分所承办业务的质量控制，通过委派质量控制负责人和项目负责人、定期轮换复核人员、对项目进行分类管理，严格控制分所执业风险。

第十七条 会计师事务所应当制定统一的业务报告印章管理制度和授权制度。业务报告印章管理制度和授权制度应当与业务分类分级管理制度相适应，并经会计师事务所董事会或者合伙人会议作出决议。会计师事务所对外出具的业务报告,应当加盖会计师事务所公章。经会计师事务所授权批准,对相应类别的业务,在完成规定的复核程序后,分所可以在业务报告上加盖公章。会计师事务所应当加强对分所公章使用情况的监督管理,切实防范法律和业务风险。

第十八条 会计师事务所应当定期对各分所的执业质量和管理情况进行考核和评价,对不当行为应当及时予以制止和纠正;对营运不佳、管理不善、质量控制不严的分所,应当及时予以注销。

第六章 信息管理

第十九条 会计师事务所及其分所应当重视利用现代信息技术执行业务、加大研究开发信息技术的力度,建立健全并有效实施业务流程和管理规程信息化。

第二十条 会计师事务所应当结合自身发展战略和经营管理需要,不断提高会计师事务所在业务管理、财务管理、人力资源管理等方面的信息化水平,并运用信息化手段加强对分所执业质量和管理状况的实时监控。

第七章 监督管理

第二十一条 分所接受所在地省级财政部门的行政监管和省级注册会计师协会行业管理。

第二十二条 会计师事务所及其分所应当根据《会计师事务所审批和监督暂行办法》(财政部令第24号)的规定,于每年5月31日前,按要求报送有关报备材料。

第二十三条　会计师事务所及其分所的所在地省级财政部门及注册会计师协会之间应当加强沟通和协作。分所所在地省级财政部门或注册会计师协会发现分所管理不符合本办法要求的，应当及时告知会计师事务所的所在地省级财政部门或注册会计师协会。

第二十四条　会计师事务所违反本办法规定的，按照《会计师事务所审批和监督暂行办法》（财政部令第24号）第六十二条处理。

第八章　附　则

第二十五条　本办法由财政部负责解释。

第二十六条　本办法自2010年7月1日起施行。

财政部
2010年1月15日

四、《会计师事务所一体化管理办法》

财会〔2022〕12号

第一章 总　则

第一条　为了提高会计师事务所一体化管理水平，强化内部治理，促进审计质量提升，根据《中华人民共和国注册会计师法》《会计师事务所执业许可和监督管理办法》（财政部令第97号文件修改发布），制定本办法。

第二条　会计师事务所一体化管理，是指会计师事务所在人员管理、财务管理、业务管理、技术标准和质量管理、信息化建设等方面，建立并有效实施实质统一的管理体系。

第三条　会计师事务所应对设立的分支机构、内设部门、业务团队进行一体化管理。

第四条　会计师事务所应当建立健全一体化管理制度体系并确保有效实施，在合伙协议（公司章程）中明确一体化管理要求。首席合伙人（主任会计师）对会计师事务所实行一体化管理负主要责任。

第五条　财政部和省级（含深圳市、新疆生产建设兵团）财政部门（以下统称省级以上财政部门）将会计师事务所一体化管理情况作为对会计师事务所监督检查的重要内容，有效开展会计师事务所一体化管理水平综合评价，督促会计师事务所通过提升一体化管理水平提高审计质量。

第二章　基本要求

第六条　会计师事务所应当建立实施统一的人员管理制度，制定统一的人员聘用、定级、晋升、业绩考核、薪酬、培训等方面的政策与程序并确保有效执行。会计师事务所的人员业绩考核、晋升和薪酬政策应当坚持以质量为导向，将质量因素作为人员考评、晋升和薪酬的重要因素。

第七条　设立分支机构的会计师事务所应当对分支机构负责人和质量管理负责人、财务负责人等关键管理人员实施统一委派、监督和考核，在全所范围内实施统一的人力资源调度和配置。

第八条　会计师事务所应当实施统一的财务管理制度，制定统一的业务收费、预算管理、资金管理、费用和支出管理、会计核算、利润分配、职业风险补偿机制并确保有效执行。业务收费应当以项目工时预算和人员级差费率为基础，严禁不正当低价竞争。职业风险补偿机制，是指会计师事务所应对职业风险建立的制度、程序，包括职业责任保险购买、职业风险基金提取与使用等。

第九条　会计师事务所应当坚持以质量为导向，对合伙人实施业绩评价、考核晋升和利润分配。会计师事务所应当实施统一的合伙人业绩考核政策与标准，确保全体合伙人在统一的"利润池"中分配，禁止以费用报销代替利润分配，不得以承接和执行业务的收入或利润作为首要指标，禁止"各自为政""分灶吃饭"。"各自为政""分灶吃饭"是指分支机构、业务分部、业务团队或合伙人给会计师事务所上交管理费后，其余业务收入自行分配的行为。

第十条 会计师事务所应当实施统一的业务管理制度，制定统一的客户与业务风险评估分类标准、业务承接与保持、业务执行、独立性与职业道德管理、报告签发、印章管理等方面的政策与程序并确保有效执行。会计师事务所应当为每个审计项目投入充足的资源，保证不同层级员工工作负荷合理适当。

第十一条 会计师事务所应当实行矩阵式管理，即结合所服务客户的行业特点和业务性质，以及本会计师事务所分支机构的地域分布，对业务团队进行专业化设置，以团队专业能力的匹配度为依据分派业务。

第十二条 会计师事务所应当实施统一的技术标准与质量管理制度，制定项目咨询、意见分歧解决、项目质量复核、项目质量检查、质量管理缺陷识别与整改等方面的政策与程序并确保有效执行。技术标准应当依据有关法律法规和注册会计师执业准则制定并统一施行。注册会计师应当按照本所统一的技术标准执行业务并出具报告。

第十三条 会计师事务所应当明确项目质量复核人员资格条件并建立合格人员清单，确保项目质量复核人员独立于项目组，并在全所范围内统一委派项目质量复核人员。质量复核人员的人选，以及相关人员的业绩考评、晋升与薪酬不受被复核或检查的项目组的干预或影响。会计师事务所应当统一安排质量检查抽取的项目和执行质量检查的人员。

第十四条 会计师事务所应当统一开展信息系统的规划、建设、运行与维护，通过持续有效的投入，维护信息系统的安全性、实用性，以信息技术手段提高审计作业效率与质量，提升独立性与职业道德管理水平，保障一体化管理体系有效实施。

第十五条 会计师事务所信息系统核心功能或子系统包括但不限于：审计作业管理、工时管理、客户管理、人力资源管理、独立性与职业道德管理、电子邮件、会计核算与财务管理等。会计师事务所的系统服务器应当架设在境内，数据信息应当在境内存储，并符合国家安全保密等规定。会计师事务所应当持续增强信息化管理能力，服务一体化管理和治理决策。

第三章 评价与检查

第十六条 会计师事务所应当定期按照本办法的规定和会计师事务所一体化管理评估指标具体评分标准进行自我评价，形成自评报告。会计师事务所首席合伙人（主任会计师）应当对自评报告的真实性、准确性、完整性负责，并按照年度报备工作有关要求于每年5月31日前向所在地省级财政部门报送。会计师事务所一体化管理评估指标具体评分标准由财政部另行制定。

第十七条 省级以上财政部门、注册会计师协会在对会计师事务所监督检查、自律检查过程中，应当对会计师事务所一体化管理情况进行检查，按照本办法的规定和会计师事务所一体化管理评估指标具体评分标准对会计师事务所一体化管理情况进行评价。省级以上财政部门和注册会计师协会应加强信息共享、开展联合监管，避免对会计师事务所一体化管理情况重复检查评价。

第十八条 会计师事务所、注册会计师应当配合省级以上财政部门和注册会计师协会的检查评价，如实提供工作底稿、相关资料及电子数据，不得拒绝、延误、阻挠、逃避检查，不得谎报、隐匿、销毁相关证据材料。

第十九条 会计师事务所一体化管理情况自评结果和省级以上财政部门及注册会计师协会检查评价结果以适当方式向社会公开。一体化管理情况检查评价过程中发现的会计师事务所违法违规问题，依法予以处理处罚。

第四章 评价结果运用

第二十条 会计师事务所应当将一体化管理的自评结果和检查评价结果作为一体化管理整改提升的重要依据，认真做好自查自纠和检查整改工作，不断提升一体化管理水平。会计师事务所不得将一体化管理评价结果用于广告、宣传、营销等商业目的。

第二十一条 进一步完善会计师事务所综合排名机制，将一体化管理检查评估结果作为排名的重要依据，引导会师事务所依法加强内部管理。

第二十二条 会计师事务所一体化管理检查评价结果作为财政部门审批会计师事务所分支机构的依据，并作为监管部门配置监管资源、确定检查方式等的参考。

第二十三条 省级以上财政部门及其工作人员，在会计师事务所一体化检查评价工作中，违反规定存在滥用职权、玩忽职守、徇私舞弊等违法违规行为的，依法追究相应责任。

财政部
2022 年 5 月 12 日

五、《会计师事务所监督检查办法》

财办〔2022〕23 号

第一章 总 则

第一条 为加强财会监督，进一步规范注册会计师行业管理，持续提升注册会计师审计质量，有效发挥注册会计师审计鉴证作用，根据《中华人民共和国注册会计师法》《中华人民共和国会计法》《国务院办公厅关于进一步规范财务审计秩序促进注册会计师行业健康发展的意见》（国办发〔2021〕30 号）、《会计师事务所执业许可和监督管理办法》（财政部令第 97 号），制定本办法。

第二条 财政部及各地监管局和省级（含深圳市、新疆生产建设兵团）财政部门（以下统称省级以上财政部门）对会计师事务所开展监督检查，按照《中华人民共和国注册会计师法》《会计师事务所执业许可和监督管理办法》（财政部令第 97 号）和本办法的规定执行。

省级以上财政部门监督检查的方式、程序等按照《财政部门监督办法》（财政部令第 69 号）、《财政检查工作办法》（财政部令第 32 号）、《财政部门实施会计监督办法》（财政部令第 10 号）等规定执行。

第三条 财政部负责组织、指导、统筹全国会计师事务所监督检查工作，加强对省级财政部门监督、指导会计师事务所和注册会计师工作的监督检查。

省级财政部门按照本办法的规定，负责对本行政区域内会计师事务所进行监督检查。

第四条 省级以上财政部门应当健全重点检查和日常监管相结合的会计师事务所监管机制，随机抽取检查对象，随机选派执法人员，及时公开抽查情况和查处结果，严格依法行政，确保监督检查的公平、公正、公开。

第五条 财政部建设注册会计师行业统一监管平台，为备案的审计报告赋予验证码，在全国范围内推广使用。

省级以上财政部门应当通过统一监管平台办理注册会计师行业审批备案等管理业务，发放会计师事务所和注册会计师电子证照，接受会计师事务所业务报备，通过监管大数据分析等方式，对会计师事务所和注册会计师执业行为加强日常监测，提高监管的及时性和精准性。

省级以上财政部门应当在统一监管平台上公开会计师事务所的组织形式、人员规模、行政处理处罚、行业惩戒、一体化管理、省级以上财政部门表彰荣誉等信息，供社会公众查询，增强会计师事务所透明度，强化行业诚信约束。

第六条 省级财政部门按照财政部的规定建立信息报告制度，及时上报会计师事务所监督检查及处理处罚情况、会计师事务所和注册会计师重大违法违规案件。

第七条 省级以上财政部门在监督检查工作中，应当加强与相关监管机构的工作协同，统筹做好监管工作，形成监管合力。

第八条 注册会计师协会依法对注册会计师的任职资格和执业情况进行年度检查并接受财政部和同级财政部门的指导和监督。

第二章　监督检查的分级分类

第九条 财政部各地监管局根据财政部授权监督检查其监管区域内会计师事务所从事证券服务业务和经法律、行政法规规定的关系公众利益的其他特定业务的执业质量，以及上述业务涉及的注册会计师执业情况。

第十条 省级财政部门负责监督检查本行政区域内会计师事务所从事除第九条之外业务的执业质量、注册会计师执业情况，以及执业许可条件、一体化管理、独立性保持、信息安全、职业风险防范等情况。

第十一条 对符合下列条件之一的会计师事务所，原则上每年检查一次。

（一）上年度合计为100家（含）以上的中央企业（按国资委公布的央企名录，下同）、中央金融企业（按财政部公布的中央金融企业名录，下同）、境内上市公司（不含新三板，下同）等单位提供年报审计服务的会计师事务所；

（二）上年度业务收入超过10亿元的会计师事务所；

（三）上年末注册会计师数量超过1000人的会计师事务所；

（四）其他有重大影响的会计师事务所。

第十二条 对符合下列条件之一的会计师事务所，原则上每三年检查一次。

（一）上年度合计为50家以上、100家以下的中央企业、中央金融企业、境内上市公司等单位提供年报审计服务的会计师事务所；

（二）上年度业务收入 5 亿元以上、10 亿元以下的会计师事务所；

（三）上年末注册会计师数量为 500 人以上、1000 人以下的会计师事务所。

第十三条 对新备案从事证券服务业务的会计师事务所，自其首次承接上市公司审计业务起，原则上前三年内每年检查一次，此后每五年检查一次，如符合第十一条、第十二条规定的，按照第十一条、第十二条规定执行。

第十四条 对本办法第十一条、第十二条、第十三条之外的会计师事务所，原则上每五年检查一次。

第十五条 省级以上财政部门应当将存在下列情形的会计师事务所列为重点检查对象，加大检查力度：

（一）因执业行为被投诉或举报，且经核属实的；

（二）因执业行为五年内（检查当年按一年计算）受到两次（含）以上行政处罚的；

（三）以不正当竞争方式承揽业务，或审计收费明显低于合理成本的；

（四）审计报告数量、被审计单位规模与会计师事务所和注册会计师的执业能力、承担风险能力不相称，且明显超出服务能力的；

（五）未按规定进行报备的。

第十六条 省级以上财政部门可采取全面检查或专项检查方式，对会计师事务所开展检查。省级以上财政部门检查会计师事务所时，可延伸检查相关被审计单位的会计信息质量。

省级以上财政部门发现单位违反会计法律法规导致会计信息质

量失真的，可延伸检查为其出具相关审计报告的会计师事务所。

第十七条　省级财政部门可以组织设区的市级以上地方人民政府财政部门开展会计师事务所监督检查，由省级财政部门作出处理处罚决定。

第三章　监督检查的重点内容

第十八条　省级以上财政部门重点对会计师事务所执业质量、执业许可条件、一体化管理、独立性保持、信息安全、职业风险防范，以及注册会计师执业情况等进行监督检查。

第十九条　省级以上财政部门对会计师事务所执业质量开展监督检查，应当重点检查会计师事务所是否存在下列违法违规行为：

（一）在未履行必要的审计程序，未获取充分适当的审计证据的情况下出具审计报告；

（二）除纠正错误审计意见重新出具审计报告以外，对同一委托单位的同一事项，依据相同的审计证据出具不同结论的审计报告；

（三）隐瞒审计中发现的问题，发表不恰当的审计意见；

（四）为被审计单位编造或伪造事由，出具虚假或不实的审计报告；

（五）未对被审计单位舞弊迹象或异常情况保持职业怀疑；

（六）从事证券服务业务未依法依规进行备案；

（七）违反执业准则、规则的其他行为。

第二十条　省级以上财政部门对会计师事务所执业质量开展监督检查，应当重点关注会计师事务所是否针对审计高风险领域采取以下措施：

（一）进驻被审计单位前，通过市场、媒体、分析师、监管部门网站、前任注册会计师等多方渠道，收集企业财务、经营等方面的风险信息，进行风险分析研判，形成客户风险分析和应对报告；

（二）进驻被审计单位后，对相应风险点强化审计程序、扩大抽查比例、增加审计证据，有效防范和控制审计风险，提升审计质量。

第二十一条 省级财政部门对会计师事务所执业许可条件情况开展监督检查，应当重点检查以下内容：

（一）合伙人（有限责任会计师事务所为股东，下同）是否符合任职条件；

（二）合伙人人数是否符合条件；

（三）合伙人信息是否与工商登记一致；

（四）注册会计师人数是否符合条件；

（五）是否存在允许其他单位、其他单位团队或个人挂靠在本所，以本所名义承办业务的情形；

（六）是否存在借用、冒用其他会计师事务所名义承办业务的情形；

（七）是否存在会计师事务所、合伙人或注册会计师发生变更、终止等情况未按规定备案的情形；

（八）是否存在被非注册会计师实际控制的情形；

（九）是否存在违反注册会计师行业管理政策的其他行为。

第二十二条 省级财政部门对会计师事务所一体化管理情况开展监督检查，应当按照会计师事务所一体化管理有关规定，对会计师事务所人员管理、财务管理、业务管理、技术标准和质量管理、信息化建设等方面情况进行检查。

第二十三条 省级财政部门对会计师事务所及其从业人员独立性保持情况开展监督检查，应当重点检查以下内容：

（一）是否同时为被审计单位提供可能损害其独立性且未采取有效应对措施的非鉴证业务；

（二）审计收费是否采取或有收费方式，如，被审计单位根据审计意见类型、是否能够实现上市、发债等支付部分或全部审计费用；

（三）项目组人员（含项目合伙人，下同）、质量复核人员是否与被审计单位董事、高级管理人员存在主要近亲属关系以及其他可能损害其独立性的利害关系；

（四）项目组人员、质量复核人员是否存在索取、收受被审计单位合同约定以外的酬金或其他财物的行为；

（五）项目组人员、质量复核人员是否持有被审计单位股票；

（六）项目组人员、质量复核人员是否兼任被审计单位董事、监事或高管；

（七）是否未按规定轮换有关审计人员。

第二十四条 省级财政部门对会计师事务所信息安全情况开展监督检查，应当重点检查以下内容：

（一）存储业务工作、被审计单位资料的数据服务器和信息技术应用服务器是否架设在中国境内，是否设置安全隔离或备份；

（二）对本条第（一）项所列服务器的访问以及相关数据调用是否在法定期限内保存清晰完整的日志；

（三）审计数据保存是否符合国家保密工作规定及被审计单位信息保密要求；

（四）是否建立审计工作底稿出境涉密筛查制度及程序；

（五）是否对境外网络成员所或合作所访问会计师事务所信息系统设有隔离、限制、权限管理等措施。

第二十五条 省级财政部门对会计师事务所职业风险防范情况

开展监督检查,应当重点检查以下内容:

(一)职业风险基金计提、使用情况;

(二)职业责任保险购买、赔付情况。

第二十六条 省级财政部门应当加强对本行政区域内未经批准承办《中华人民共和国注册会计师法》第十四条规定的注册会计师业务的单位和个人的检查,并依法予以处罚。

第四章 附 则

第二十七条 省级以上财政部门根据本办法对会计师事务所及其注册会计师进行监督检查,对于存在违法违规行为的会计师事务所及相关注册会计师,应当依法作出处理处罚。

第二十八条 省级以上财政部门工作人员在监督检查过程中,滥用职权、玩忽职守、徇私舞弊或泄露国家秘密、商业秘密的,按照《中华人民共和国公务员法》等国家有关规定追究相应责任;涉嫌犯罪的,依法移送有关机关处理。

第二十九条 本办法所称执业,是指注册会计师执行《中华人民共和国注册会计师法》第十四条规定的业务。

第三十条 本办法由财政部负责解释,自 2022 年 7 月 1 日起施行。

财政部

2022 年 4 月 29 日

主要参考文献

白俊,杨茜雅,董颖颖,2022. 客户关系变动提高了审计费用吗?[J]. 审计与经济研究,3:30-39.

蔡利,张翼凌,2022. 财务和非财务信息非对称性、舞弊风险与审计师应对行为[J]. 会计研究,6:178-192.

陈波,2013. 经济依赖、声誉效应与审计质量——以会计师事务所分所为分析单位的实证研究[J]. 审计与经济研究,5:40-49.

陈冬,陈平,唐建新,2009. 实际控制人类型、法律保护与会计师事务所变更——基于国企民营化的经验研究[J]. 会计研究,11:59-65+96.

陈信元,夏立军,2006. 审计任期与审计质量:来自中国证券市场的经验证据[J]. 会计研究,1:44-53.

邓英雯,张敏,2019. 客户-证监局地理距离与审计投入[J]. 会计与经济研究,5:3-20.

董沛武,程璐,乔凯,2018. 客户关系是否影响审计收费与审计质量[J]. 管理世界,8:143-153.

方军雄. 2009. 转型经济中声誉机制有效性研究——来自中国审计市场的证据 [J]. 财经研究, 12: 16-38.

高凤莲, 张天宇, 2019. 声誉激励、财务重述与审计费用 [J]. 南京审计大学学报, 2: 1-9.

龚启辉, 李志军, 王善平, 2011. 资源控制权与审计师轮换的治理效应 [J]. 审计研究, 5: 73-81.

洪金明, 林润雨, 崔志坤, 2021. 企业风险承担水平、审计投入与审计意见 [J]. 审计研究, 3: 96-105.

胡国柳, 王禹, 胡珺, 2022. 减税政策会影响审计师风险应对行为吗？——基于简并增值税税率政策的准自然实验 [J]. 审计研究, 4: 88-98.

李东平, 黄德华, 王振林, 2001. "不清洁"审计意见、盈余管理与会计师事务所变更 [J]. 会计研究, 6: 51-57.

李思飞, 刘恋, 王化成, 2014. 审计师行业专长、经济依赖性与审计质量——基于审计任期的视角 [J]. 山西财经大学学报, 5: 112-124.

李伟, 韩晓梅, 吴联生, 2018. 审计投入的产出效应 [J]. 会计研究, 3: 71-77.

李伟, 朱厚宇, 唐洋, 2022. 企业杠杆操纵行为会影响审计师定价吗——基于审计投入与两类代理冲突视角 [J]. 财会月刊, 21: 101-110.

李文颖, 陈宋生, 曹圆圆, 2019. 签字CPA团队异质性与审计质量研究 [J]. 当代财经, 10: 120-129.

李小光，邱科科，周易辰，2018. 媒体关注、审计投入与审计质量——来自中国传媒上市公司的经验证据 [J]. 会计与经济研究，32：90 – 103.

李瑛玫，楚有为，杨忠海，2016. 内部控制、中期审计与年报审计延迟 [J]. 审计与经济研究，2：52 – 60.

梁日新，李英，2021. 年报文本语调与审计费用——来自我国A股上市公司的经验数据 [J]. 审计研究，5：109 – 119.

刘笑霞，李明辉，2022. 明察秋毫还是暗渡陈仓？——签字会计师个人经验对真实盈余管理的影响 [J]. 管理工程学报，2：123 – 137.

刘笑霞，阳金云，狄然，2019. 公司避税活动对会计师事务所变更的影响 [J]. 审计研究，4：75 – 82.

刘行健，王开田，2014. 会计师事务所转制对审计质量有影响吗？[J]. 会计研究，4：88 – 94 + 96.

马晨，张俊瑞，杨蓓，2016. 财务重述对会计师事务所解聘的影响研究 [J]. 会计研究，5：79 – 86 + 96.

毛丽娟，陶蕾，2014. 终极控制人、事务所变更与审计质量——来自中国上市公司的经验证据 [J]. 审计与经济研究，3：50 – 59.

孟庆斌，施佳宏，鲁冰，宋祉健，2019. "轻信"的注册会计师影响了审计质量吗？——基于中国综合社会调查（CGSS）的经验研究 [J]. 会计研究，7：12 – 20.

申慧慧，2021. 注册会计师职级与审计质量 [J]. 审计研究，2：80 – 91.

沈璐，陈祖英，2020. 运用衍生金融工具、审计定价与审计投入［J］. 投资研究，39：107-122.

史文，叶凡，刘峰. 2019. 审计团队：中国制度背景下的研究视角［J］. 会计研究，8：71-78.

宋衍蘅，肖星，2012. 监管风险、事务所规模与审计质量［J］. 审计研究，3：83-89.

宋子龙，余玉苗，2018. 审计项目团队行业专长类型、审计费用溢价与审计质量［J］. 会计研究，4：82-88.

王兵，辛清泉，2010. 分所审计是否影响审计质量和审计收费？［J］. 审计研究，2：70-76.

王春飞，吴溪，曾铁兵，2016. 会计师事务所总分所治理与分所首次业务承接——基于中国注册会计师协会报备数据的分析［J］. 会计研究，3：87-94+96.

王春飞，吴溪，2019. 会计师事务所分部间的审计客户调整——内部治理视角的解释［J］. 审计研究，4：57-65.

王龙梅，陈宋生，张婉琪，2020. 融资约束对会计师事务所变更的影响［J］. 北京理工大学学报（社会科学版），6：65-77.

王雄元，张士成，高祎，2008. 审计委员会特征与会计师事务所变更的经验研究［J］. 审计研究，4：87-96.

王艳艳，廖义刚，2009. 所有权安排、利益输送与会计师事务所变更——来自我国上市公司由大所向小所变更的经验证据［J］. 审计研究，1：43-49.

王仲兵，张月，王攀娜，2021. 企业业绩补偿承诺与审计投入

[J]. 审计研究, 1: 50-58.

文雯, 冯晓晴, 宋衍蘅, 2020. 公司债务违约与审计师风险应对 [J]. 会计与经济研究, 4: 3-23.

吴昊旻, 吴春贤, 杨兴全, 2015. 产品市场竞争、事务所规模与审计质量——来自中国审计市场的经验证据 [J]. 经济管理, 5: 108-119.

吴溪, 王春飞, 李勃, 2018. 公共会计服务市场的竞争秩序——来自中国证券审计市场新设分所的证据 [J]. 会计研究, 12: 12-18.

吴溪, 徐艳丽, 苏锡嘉, 2020. 不签署审计报告的审计团队成员影响审计质量吗？[J]. 审计研究, 4: 58-67+79.

向锐, 林融玉, 2023. 审计委员会-审计师连锁关系与审计质量——来自我国A股上市公司的经验证据 [J]. 南开管理评论, 3: 42-54.

肖作平, 张雪华, 陈小林, 2016. 特殊普通合伙制、签字合伙人身份与审计质量 [J]. 证券市场导报, 11: 21-31+45.

谢获宝, 刘芬芬, 惠丽丽, 2018. 能力不足还是独立性缺失——基于污点审计师审计质量的实证检验 [J]. 审计研究, 11: 71-79.

薛杰, 邓英雯, 张敏, 2020. 会计师事务所职业风险基金、职业责任保险与首次业务承接 [J]. 会计研究, 11: 152-169.

薛爽, 叶飞腾, 洪韵, 2013. 会计师-客户关系与事务所变更 [J]. 会计研究, 9: 78-83+97.

杨世信，刘运国，蔡祥，2020. 组织效率、审计师势力与审计质量 [J]. 审计研究，6：77-85.

余怒涛，王涵，2022. 顺从还是懈怠？中注协约谈与执业质量检查的叠加监管压力研究 [J]. 审计与经济研究，6：60-69.

袁振超，韦小泉，2018. 会计信息可比性、审计师行业专长与审计时滞 [J]. 会计与经济研究，1：72-88.

原红旗，韩维芳，2012. 签字会计师的执业特征与审计质量 [J]. 中国会计评论，3：275-302.

张宏亮，王瑶，王靖宇，2019. 外部审计师与独立董事之间的社会关系是否影响审计质量 [J]. 审计研究，4：92-100.

张继勋，付宏琳，2008. 经验、任务性质与审计判断质量 [J]. 审计研究，3：70-75.

张敏，李伟，张胜，2010. 审计师聘任的实际决策者：股东还是高管 [J]. 审计研究，6：86-92+85.

张新民，赵文卓，陈帅，2020. 分所业务增长与审计质量：基于事务所内部治理视角 [J]. 审计与经济研究，4：9-18.

张兆国，吴伟荣，陈雪芩，2014. 签字注册会计师背景特征影响审计质量研究——来自中国上市公司经验证据 [J]. 中国软科学，11：95-104.

郑登津，闫晓茗，2017. 事前风险、审计师行为与财务舞弊 [J]. 审计研究，4：89-96.

朱松，柯晓莉. 2018. 审计行业监管有效性研究——基于证监会处罚公告后事务所策略选择的经验证据 [J]. 财经研究，3：

56-67.

Ahmed A S, M Neel, D Wang, 2013. Does mandatory adoption of IFRS improve accounting quality? Preliminary Evidence [J]. Contemporary Accounting Research, 30 (4): 1344-1372.

Ashton R H, Willingham J J, Elliott R K, 1987. An empirical analysis of audit delay [J]. Journal of Accounting Research, 25 (2): 275-292.

Asthana S C, Kalelkar R, 2014. Effect of client reputation on audit fees at the office level: An examination of S&P 500 index membership [J]. Auditing: A Journal of Practice & Theory, 33 (1): 1-27.

Bailey C, D L Collins, L J Abbott, 2018. The impact of enterprise risk management on the audit process: Evidence from audit fees and audit ARL [J]. Auditing: A Journal of Practice & Theory, 37 (3): 25-46.

Beck M J, Francis J R, Gunn J L, 2018. Public company audits and city-specific labor characteristics [J]. Contemporary Accounting Research, 35 (1): 394-433.

Beck M J, Gunn J L, Hallman N, 2019. The geographic decentralization of audit firms and audit quality [J]. Journal of Accounting and Economics, 68 (1): 101234.

Bianchi PA, 2018. Auditors' joint engagements and audit quality: Evidence from Italian private companies [J]. Contemporary Accounting Research, 35 (3): 1533-1577.

Bills K L, Swanquist Q T, Whited R L, 2016. Growing pains: Audit quality and office growth [J]. Contemporary Accounting Research, 33 (1): 288-313.

Callen J L, Fang X, Xin B, et al., 2020. Capital market consequences of audit office size: Evidence from stock price crash risk [J]. Auditing: A Journal of Practice & Theory, 39 (2): 1-26.

Cameran M, Ditillo A, Pettinicchio A, 2018. Audit team attributes matter: How diversity affects audit quality [J]. European Accounting Review, 27 (4): 595-621.

Chen S, Sun S Y J, Wu D, 2010. Client importance, institutional improvements, and audit quality in china: An office and individual auditor level analysis [J]. The Accounting Review, 85 (1): 127-158.

Chen C Y, Lin C J, Lin YC, 2008. Audit partner tenure, audit firm tenure, and discretionary accruals: Does long auditor tenure impair earnings quality? [J]. Contemporary Accounting Research, 25 (2): 415-445.

Chen X, Dai Y, Kong D, et al., 2017. Effect of international working experience of individual auditors on audit quality: Evidence from China [J]. Journal of Business Finance & Accounting, 44 (7): 1073-1108.

Choi J H, Kim C, Kim J B, et al., 2010. Audit office size, audit quality, and audit pricing [J]. Auditing: A Journal of Practice & Theory, 29 (1): 73-97.

Choi J H, Kim J B, Qiu A A, et al., 2012. Geographic proximity between auditor and client: How does it impact audit quality? [J]. Auditing: A Journal of Practice & Theory, 31 (2): 43-72.

Czerney K, Jang D, Omer T C, 2019. Client deadline concentration in audit offices and audit quality [J]. Auditing: A Journal of Practice & Theory, 38 (4): 55 – 75.

DeAngelo L E, 1981. Auditor size and audit quality [J]. Journal of Accounting and Economics, 3 (3): 183 – 199.

Ettredge M L, Sherwood M G, Sun L, 2020. Office – client balance and metro area audit market competition [J]. Auditing: A Journal of Practice & Theory, 39 (4): 113 – 141.

Firth M, Rui O M, Wu X, 2012. How do various forms of auditor rotation affect audit quality? Evidence from China [J]. The International Journal of Accounting, 47 (1): 109 – 138.

Francis J R, Mehta M N, Zhao W, 2017. Audit office reputation shocks from gains and losses of major industry clients [J]. Contemporary Accounting Research, 34 (4): 1922 – 1974.

Francis J R, Michas P N, 2013. The contagion effect of Low – quality audits [J]. The Accounting Review, 88 (2): 521 – 552.

Francis J R, Yu M D, 2009. Big 4 office size and audit quality [J]. The accounting review, 84 (5): 1521 – 1552.

Gaver JJ, Utke S, 2019. Audit quality and specialist tenure [J]. The Accounting Review, 94 (3): 113 – 147.

Gilling DM, 1977. Timeliness in corporate reporting: Some further comment [J]. Accounting and Business Research, 8 (29): 34 – 36.

Gong Q, Han X, Shen H, et al., 2021. Do professional risk funds affect audit quality? [J]. Accounting and Business Research, 51 (6): 777-799.

Goodwin J, Wu D, 2016. What is the relationship between audit partner busyness and audit quality? [J]. Contemporary Accounting Research, 33 (1): 341-377.

Gul FA, Wu D, Yang Z, 2013. Do individual auditors affect audit quality? Evidence from archival data [J]. The Accounting Review, 88 (6): 1993-2023.

Habib A, Bhuiyan MBU, 2011. Audit firm industry specialization and the audit report lag [J]. Journal of International Accounting, Auditing and Taxation, 20 (1): 32-44.

He X, Pittman JA, Rui OM, et al., 2017. Do social ties between external auditors and audit committee members affect audit quality? [J]. The Accounting Review, 92 (5): 61-87.

Hollingsworth C W, Neal T L, Reid C D, 2020. The effect of office changes within audit firms on clients' audit quality and audit fees [J]. Auditing: A Journal of Practice & Theory, 39 (1): 71-99.

Hoopes J L, Merkley K J, Pacelli J, et al., 2018. Audit personnel salaries and audit quality [J]. Review of Accounting Studies, 23 (3): 1096-1136.

Hsieh YT, Lin CJ, 2016. Audit firms' client acceptance decisions: Does partner-level industry expertise matter? [J]. Auditing: A Journal of Practice & Theory, 35 (2): 97-120.

Huang R D, Li H, 2009. Does the market dole out collective punishment? An empirical analysis of industry, geography, and Arthur Andersen's reputation [J]. Journal of banking & finance, 33 (7): 1255 – 1265.

Johnstone K M, Bedard J C, 2003. Risk management in client acceptance decisions [J]. The Accounting Review, 78 (4): 1003 – 1025.

Johnstone K M, Bedard J C, 2004. Audit Firm Portfolio Management Decisions [J]. Journal of Accounting Research, 42 (4), 659 – 690.

Johnstone K M, 2000. Client – acceptance decisions: Simultaneous effects of client business risk, audit risk, auditor business risk, and risk adaptation [J]. Auditing: A Journal of Practice & Theory, 19 (1): 1 – 25.

Kallunki J, Kallunki J P, Niemi L, et al., 2019. IQ and audit quality: Do smarter auditors deliver better audits? [J]. Contemporary Accounting Research, 36 (3): 1373 – 1416.

Laux V, Paul Newman D, 2010. Auditor liability and client acceptance decisions [J]. The Accounting Review, 85 (1): 261 – 285.

Albawwat I E, 2022. Tacit knowledge sharing in small audit firms and audit quality inputs: The antecedent effect of auditors' social capital [J]. Journal of Knowledge Management, 26 (9): 2333 – 2353.

Lee G, Naiker V, Stewart CR, 2022. Audit office labor market proximity and audit quality [J]. The Accounting Review, 97 (2): 317 – 347.

Lee H S, Nagy A L, Zimmerman A B, 2019. Audit partner assignments and audit quality in the United States [J]. The Accounting Review, 94 (2): 297-323.

Lennox C, Li B, 2014. Accounting misstatements following lawsuits against auditors [J]. Journal of Accounting and Economics, 57 (1): 58-75.

Lennox CS, Wu X, Zhang T, 2014. Does mandatory rotation of audit partners improve audit quality? [J]. The Accounting Review, 89 (5): 1775-1803.

Michael L E, C Li, L L Sun, 2006. The impact of SOX section 404 internal control quality assessment on audit delay in the SOX era [J]. A Journal of Practice and Theory, 25 (2): 1-23.

Munsif V, K Raghunandan, D V Rama, 2012. Internal control reporting and audit report lags: Further evidence [J]. Auditing: A Journal of Practice & Theory, 31 (3): 203-218.

Omer T C, Sharp N Y, Wang D, 2018. The impact of religion on the going concern reporting decisions of local audit offices [J]. Journal of Business Ethics, 149 (4): 811-831.

Pratt J, Stice J D, 1994. The effects of client characteristics on auditor litigation risk judgments, required audit evidence, and recommended audit fees [J]. The Accounting Review, 69 (4): 639-656.

Qi B, Yang R, Tian G, 2017. Do social ties between individual auditors and client CEOs/CFOs matter to audit quality? [J]. Asia-Pacific Journal of Accounting & Economics, 24 (3): 440-463.

Reichelt K J, Wang D, 2010. National andoffice – specific measures of auditor industry expertise and effects on audit quality [J]. Journal of Accounting Research, 48 (3): 647 – 686.

Seavey S E, Imhof M J, Westfall T J, 2018. Audit firms as networks of offices [J]. Auditing: A Journal of Practice & Theory, 37 (3): 211 – 242.

Sherwood M G, Nagy A L, Zimmerman A B, 2020. Non – CPAs and office audit quality [J]. Accounting Horizons, 34 (3): 169 – 191.

Swanquist Q T, Whited R L, 2015. Do clients avoid "contaminated" offices? The economic consequences of low – quality audits [J]. The Accounting Review, 90 (6): 2537 – 2570.

Wang Y, Yu L, Zhao Y, 2015. The association between audit – partner quality and engagement quality: Evidence from financial report misstatements [J]. Auditing: A Journal of Practice & Theory, 34 (3): 81 – 111.

Whitworth J D, Lambert T A, 2014. Office – level characteristics of the Big 4 and audit report timeliness [J]. Auditing: A Journal of Practice & Theory, 33 (3): 129 – 152.

Xu Q, Kalelkar R, 2020. Consequences of going – concern opinion inaccuracy at the audit office level [J]. Auditing: A Journal of Practice & Theory, 39 (3): 185 – 208.

Ye P, Carson E, Simnett R, 2011. Threats to auditor independence: The impact of relationship and economic bonds [J]. Auditing: A Journal of Practice & Theory, 30 (1): 121 – 148.

Yao Y, Xue S, 2019. Comment letters and internal control opinion shopping [J]. China Journal of Accounting Studies, 7 (2): 214 – 244.

Cheng Y, Haynes CM, Yu MD, 2021. The effect of engagement partner workload on audit quality [J]. Managerial Auditing Journal, 36 (8): 1068 – 1091.

Zimmerman A B, Chaghervand A M, Sellers R D, et al., 2022. The spillover effect of audit firm office acquisition on the audit quality of the existing client base [J]. Accounting Horizons, 36 (2): 143 – 165.